Hans Nicklisch

Vater unser bestes Stück

Mit 14 Zeichnungen
von Marga Karlson

rororo

Rowohlt

Umschlagentwurf Beate und Werner Rebhuhn

1.–40. Tausend	Mai 1973
41.–55. Tausend	Juli 1974
56.–63. Tausend	Dezember 1975
64.–73. Tausend	September 1976
74.–80. Tausend	Dezember 1978
81.–88. Tausend	Januar 1980

Veröffentlicht im Rowohlt Taschenbuch Verlag GmbH,
Reinbek bei Hamburg, Mai 1973,
mit Genehmigung des Blanvalet Verlags

Satz Aldus (Linofilm-Super-Quick)
Gesamtherstellung Clausen & Bosse, Leck
Printed in Germany
380-ISBN 3 499 11609 x

Für Mutter
ohne die Vater nicht Vater wäre

ERSTES KAPITEL

Vater persönlich

Vater war Professor, aber er gehörte ganz und gar nicht zu der Sorte, die überall ihre Regenschirme stehenläßt oder auf andere Weise Stoff für die Witzblätter liefert. Stehen ließ er überhaupt nichts; er war auf einem kleinen Bauernhof im Schlesischen aufgewachsen, wo man von Verschwendung und dergleichen nichts hielt und wo man ihm hübsch eins hinter die Ohren gegeben hätte, wenn er auf den Gedanken gekommen wäre, irgendwo etwas stehenzulassen, was man noch hätte brauchen können. Und was man auf solche Weise gelernt hat, wird man nicht so leicht wieder los.

Eher nahm er schon mal etwas mit, was ihm, strenggenommen, nicht gehörte. Bleistifte zum Beispiel. Jeden Bleistift, den er sah, steckte er ein – ganz in Gedanken natürlich nur und in der Annahme, es sei seiner, den er nicht liegenlassen wollte. Wenn Mutter dann beim Ausbürsten seine Taschen ausräumte und er die Bescherung sah, machte er ein verdutztes Gesicht und wunderte sich, wie der Haufen von Stummeln wohl in seinen Besitz gekommen sein mochte. Stummeln – denn die längeren hatten wir Kinder indessen schon herausgefischt. Wenn einer von uns nämlich einen Bleistift brauchte – zuweilen um Schularbeiten zu machen, öfter um etwas zu zeichnen oder Inschriften auf die helle Kinderzimmertapete zu entwerfen –, immer führte unser erster Weg zu der Jacke, die Vater gerade in Gebrauch hatte.

Gelegentlich kam es auch vor, daß er mittags mit einer goldenen Uhr mehr zu Hause erschien, als sich morgens beim Fortgehen in seiner Weste befunden hatte. Immer hing es so zusammen, daß er der irrtümlichen Meinung gewesen war, seine eigene vergessen zu haben, und sich, um die Vorlesung richtig einteilen zu können, von seinem Assistenten oder dem nächstsitzenden Studiosus eine Uhr geborgt und vor sich auf das Pult gelegt hatte. Während der Vorlesung waren ihm die Eigentumsverhältnisse der Uhr entfallen, und hinterher steckte er sie in aller Unschuld ein, während der Studiosus, wenn er Vaters Bräuche noch nicht kannte, verstörten Gesichts danebenstand und an den Grundlagen der Welt zu zweifeln begann.

Fand Vater dann beim Mittagessen einen solchen fremden Chronometer in seiner Tasche, drehte er ihn ein paarmal kopfschüttelnd zwischen den Fingern, zog die Augenbrauen in die Höhe und bemerkte beunruhigt:

«Das ist nicht meine Uhr. Wo ist meine Uhr?»

Und begann aufgeregt mit dem Daumen in der rechten unteren Westentasche zu fahnden, wo seine Uhr zu sein hatte und die andere gewesen war. Mutter war es dann, die ihn sanft daran erinnerte, daß seine Weste ja auch noch andere Taschen beherberge, und natürlich fand sie sich dann auch – statt rechts unten war sie links oben gewesen –, und Vater saß mit zwei Uhren da, ein wenig beschämt und dabei doch nie ganz felsenfest überzeugt, daß ihm wirklich dergleichen hatte passieren können. Wahrscheinlich hatte ihm doch jemand heimlich die Uhr in die Tasche manipuliert, nur um ihn vor der versammelten Familienrunde in eine peinliche Lage zu bringen.

Die Familie waren wir: Mutter und wir fünf. Sie hatten es ursprünglich eigentlich auf zwölf bringen wollen, aber ihr Enthusiasmus hatte dann doch eher als vorgesehen nachgelassen, und sie waren dicht unter dem halben Dutzend stehengeblieben. Vater fand, er habe genug für die Menschheitszukunft getan, und überdies war er mehr für Qualität als für Quantität. Und Mutter war wie fast immer einer Meinung mit ihm.

Wir Kinder waren es, obwohl wir natürlich in dieser Frage kein Stimmrecht hatten, auch zufrieden, das heißt, wir vier Jungs. Wir hatten an einer Schwester – Bixi hieß sie – gerade genug. Einen Jungen hätten wir zur Not noch gebrauchen können, aber offenbar ging es in solchen Dingen nicht unbedingt nach unseren Wünschen, und deshalb war es besser, die Beziehungen zum Klapperstorch überhaupt abzubrechen. Andreas, Friedrich, Bixi oder Brigitte, Thomas und Peter – das war die Reihenfolge. Und daß nun einer von ihnen über Vater schreibt – und natürlich über die anderen auch –, ist weiter kein Wunder, denn Vater war ein Prachtkerl, dessentwegen es sich schon lohnt, die Feder in die Tinte zu tunken.

Dabei haben wir ihn so richtig erst ziemlich spät kennengelernt. Wie das so immer mit Vätern ist: Man kommt ihnen erst nah, wenn man ihnen näher gekommen ist – an Zentimetern, Pfunden, Alter und Einsicht. Bis dahin sind sie Respektspersonen, die zweimal jährlich seufzend das Schulzeugnis unterschreiben, allwöchentlich mit dem Taschengeld rausrücken müssen, einem zerstreut über die struppige Tolle streichen und gelegentliche Familienexpeditionen in den Zoologischen Garten anführen, sonst aber in ein anderes, rätselhaftes Dasein gehören, in dem Geld verdient wird und allerlei andere ernsthafte Dinge passieren.

Eine Respektsperson in diesem Sinne war Vater für uns nun allerdings nie, aber es hat doch seine Zeit gedauert, bis sich für jeden von uns die Gelegenheit gab, hinter seine Fassade zu gucken. Für Thomas war es jener wunderliche, vielsagend-verschwiegene Augenblick, in dem Vater aus dem Fenster des Zuges nach Annecy lehnte und er davor auf dem Grenobler Bahnsteig stand, während die Wagenräder gerade quietschend zur ersten Drehung ansetzten.

Die Sache war so: Vater war einverstanden gewesen, daß Thomas nach dem Abitur zum Studieren nach Frankreich ginge, aber nicht an die Sorbonne im Sündenbabel Paris, wohin es ihn gewaltig zog, sondern in den gedämpften, provinziellen Frieden Grenobles. Vater schwante wohl, daß Paris seiner Arbeitslust nicht übermäßig guttun würde.

Eines späten Sommerabends war Thomas also in Grenoble angekommen, hatte sich im Hotel de la Gare gegenüber dem Bahnhof einquartiert und war am nächsten Morgen mit dem ersten Zug nach Paris abgedampft. Er fand nämlich, daß Vater in diesem Punkt reichlich altmodische Ansichten hatte und daß es geradezu seine Pflicht sei, sie ein bißchen zu korrigieren. Zu wissen brauchte es Vater freilich nicht, und deshalb verabredete er mit Monsieur Paul, dem Wirt, daß er ihm gegen eine kleine Gebühr die Post von zu Hause nachschicken und wiederum seine Briefe nach Hause befördern sollte. Monsieur Paul hatte Verständnis; wahrscheinlich wäre er auch lieber in Paris gewesen.

Zwei Monate trieb sich Thomas munter in Paris herum, dann kündigte Vater sein und Mutters Eintreffen telegrafisch für den 5. September an. In Grenoble natürlich. Thomas wankten die Knie. Der 5. war morgen. Nichts Böses ahnend, hatte Monsieur Paul das Telegramm in einen Briefumschlag versenkt und weitergeschickt, und so war es zu dieser verhängnisvollen Verspätung gekommen.

In aller Eile stopfte er das Notwendigste in einen Koffer, erwischte mit Not und Mühe den Zug und stolperte kurz vor Mitternacht hotelwärts über den Bahnhofsplatz in Grenoble. Ein Klopfen weckte ihn am nächsten Morgen aus friedlichem Schlummer. Sie waren da.

Beim Frühstück war Vater bester Stimmung. Sein volles, kräftiges Gesicht glänzte vor innerer Zufriedenheit, und hinter den goldgeränderten Brillengläsern waren seine Augen mit einem Ausdruck wohlwollenden Interesses auf den Filius gerichtet, der ungehemmt ein Bild seines strebsamen Daseins entwarf, das nur den einen bescheidenen Fehler aufwies, daß es sich in keinem Punkt mit der Wirklichkeit deckte. Verlaßt euch drauf – hätte Thomas in diesem Augenblick schon gewußt, was ihm blühte, hätte er sich den ganzen Aufwand erspart, allen Mut zusammengekratzt und beschämt gestanden, daß er, noch dazu in Paris, mehr hinter der bunten Praxis des vergnüglichen Lebens als hinter der grauen Theorie der Jurisprudenz her gewesen sei. Statt dessen phantasierte er wacker weiter und bewahrte seine unbekümmerte Haltung. Wenigstens bis zu dem Moment, in dem Vater Messer und Gabel beiseite legte, sich behaglich auf seinem Stuhl zurechtschob und sagte:

«Na, das klingt wirklich sehr schön, mein Junge. Nun wirst du uns wahrscheinlich die Universität, den Ort deines Wirkens, selbst zeigen wollen.»

Unbegreiflich, aber wahr: an diese Möglichkeit hatte Thomas nicht gedacht, obgleich sie doch so nahe lag. Zwei kurze Nächte hatte er unter Monsieur Pauls Dach verbracht, war dreimal, davon zweimal bei stockfinsterer Dunkelheit, über den Bahnhofsplatz gepilgert, und das rußige Bahnhofsgebäude, der weite Platz mit dem Blumenrondell und der Fahnenstange und die Hotels und Cafés an seinen Grenzen waren alles, was er von der Stadt kannte. Er hätte unter einem Vorwand rausgehen und sich von Monsieur Paul den Weg zur Universität beschreiben lassen können, aber er stand wohl schon so sehr im Banne der unausweichlichen Katastrophe, daß ihm diese Möglichkeit nicht einmal einfiel.

Die erste halbe Stunde ließ sich gar nicht so übel an. Französische Provinzstädte einer gewissen Größenordnung sehen sich alle gleich. Vom Bahnhof führt die Rue de la Gare zum Kern der Stadt, in dessen Nähe alles Wichtige zu finden ist: das Hôtel de Ville, das Theater, das Kaufhaus, und was sonst noch zum öffentlichen Leben gehört. Von dort aus konnte es auch zur Universität nicht weit sein.

Es war ein klarer, schon herbstlich angekühlter Tag. Straßenbahnwagen klapperten gemächlich über die Geleise, alte Damen saßen vor den Cafés in der Sonne, tranken in kleinen Schlucken ihren Anis und lorgnettierten die Vorübergehenden. Mutter blieb vor jedem zweiten Schaufenster stehen, und Vater hatte jedesmal alle Hände voll zu tun, sie loszueisen. Er wollte weiter.

«Wir haben doch keine Eile», sagte sie erstaunt. «Man muß sich doch richtig umsehen können, wenn man alle Jubeljahre mal ins Ausland kommt.»

«Als ob du zu Hause nicht genug Schaufenster zu sehen bekämst», murrte Vater.

Mutter steuerte schon wieder auf ein Schaufenster zu. «Und als ob dir zu Hause nicht genügend Universitätsluft in die Nase stiege», antwortete sie ungerührt.

«Das ist ganz was anderes», fuhr Vater, der nun doch langsam ungeduldig wurde, hitzig auf. Aber Mutter war, wenn es um Schaufenster ging, nicht zu schlagen.

«Diese Schaufenster», sagte sie, «sind auch andere Schaufenster als die zu Hause. Sieh nur, diese hübschen Handschuhe da. Ich hab gestern während der Fahrt im Reiseführer gelesen, daß die Stadt hier wegen ihrer Lederwaren berühmt ist. Meinst du nicht, daß du ein Paar neue Handschuhe brauchen könntest? Deine alten sehen schon ziemlich schäbig aus.»

Vater fühlte sich in neuen Sachen ungemütlich, und Handschuhe, die er auch im Winter selten an den Händen, sondern immer nur in der Tasche trug, konnte er schon gar nicht leiden. So ungern er Mutter in der Fremde allein ließ, genügte ihm doch diese Bemerkung, ihr schleunigst ein paar Scheine in die Hand zu drücken, falls sie für sich selbst ein Paar kaufen wollte, und für später einen Teffpunkt mit ihr zu verabreden. Thomas schlug ein Restaurant auf der anderen Straßenseite vor, dessen Küche er mit Wärme lobte, als sei er dort wer weiß wie lange Stammgast gewesen.

Und dann ging's weiter. Thomas' keimende Zuversicht sank allmählich wieder in sich zusammen, als er auch am Hôtel de Ville keinen Hauch akademischer Atmosphäre wahrnahm. Kurzerhand schlug er eine der vom Platz abzweigenden Straßen ein. Um Vater nicht merken zunlassen, wie unsicher er war, erklärte er ihm weitläufig, was es mit Gebäuden auf sich hatte, deren Zweck selbst von weitem nicht zu verkennen war. Und dabei spähte er verzweifelt nach rechts und links, um ja nichts zu übersehen, was ihn auf die richtige Spur führen konnte.

Der kalte Schweiß stand ihm auf der Stirn, und hin und wieder warf er Vater einen ängstlich forschenden Blick zu. Heiter und leicht vornübergebeugt wandelte der neben ihm her, kräftig in den Schultern, ein wenig füllig, barhäuptig, mit offenem Mantel und auf den Rücken gelegten Händen. Thomas' Erklärungen schienen sein Interesse zu finden, ab und zu streute er eine Frage dazwischen oder flocht Bemerkungen über seine eigene Studentenzeit ein. Zu merken schien er nichts, nur in seinem Lächeln war etwas, das Thomas nicht ganz gefallen wollte . . .

Ein paarmal hatte er auf Vaters Frage, wie lange es wohl noch dauere, ausweichend geantwortet, es sei bald soweit, aber beim letztenmal hatte es schon nicht mehr ganz so überzeugend geklungen, und er bereitete sich mit Bangen auf das nun nicht mehr zu umgehende Geständnis vor. Doch da schien ihm in letzter Sekunde die Rettung zu winken. Bei einem Blick in eine Querstraße entdeckte er an ihrem jenseitigen Ende das Rasenrund eines Platzes im feierlichen Schatten alter Kastanien, hinter denen sich eine säulengeschmückte Fassade erhob. Die gemessene Ruhe und heitere Beschaulichkeit geistigen Strebens lag über dem Bild, und er belobte sich für seine Beharrlichkeit. Wie er damals ohne jeden Zweifel hatte sein können, will Thomas heute noch nicht in den Kopf. Aber er war es tatsächlich gewesen. Unversehens bot sich ihm ein Strohhalm, der ihm in seiner Bedrängnis ein tragfähiger Balken schien. Er hatte Vertrauen. Was blieb ihm auch übrig?

Als sie auf den Platz einbogen, entpuppte sich die Säulenfront als stattliches weißgraues Gebäude mit breiter Freitreppe und einem Portikus, in dessen dreieckiger Giebelfläche goldene Buchstaben glänzten. Was sie besagten, ließ sich der Baumkronen wegen nicht erkennen, aber es war ihm trotzdem eine letzte, wenn auch überflüssige Bestätigung.

«Da wären wir also», sagte er aufatmend und blieb stehen.

Vater musterte den Bau, soviel er von ihm zu sehen vermochte.

«Schön», murmelte er bewundernd. «Ein bißchen klassisch kühl, aber schön. Nur – besonders groß sieht er nicht aus.»

Das schien Thomas die Höhe. Da präsentierte er Vater endlich die Universität – und was für eine –, und nun war er noch nicht einmal zufrieden. «Er ist größer, als er aussieht», blies er sich auf. «Ist ja hier nur die Vorderfront. Die Hörsäle gehen nach hinten raus.»

Sie setzten sich wieder in Bewegung – und im gleichen Moment fuhr Thomas ein eisiger Schreck durch die Glieder. Eine Lücke im Blattwerk hatte ihm den Blick auf den Giebel freigegeben, und er las «Crédit Lyonnais», den Namen eines berühmten Bankinstituts. Und bei allem gingen sie Schritt für Schritt weiter, Schritt für Schritt, und jeder brachte sie dem furchtbaren Augenblick näher, in dem sich die Front des Gebäudes unverhüllt zeigen mußte. Und mit ihr die Schrift . . .

Und dann – dann wehte von irgendwoher ein Glockenschlag herüber. Vater blieb stehen und zog seine Taschenuhr aus der Weste. «Halb zwölf», sagte er bedauernd. «Schade, aber ich denke, wir verschieben es besser. Wer weiß, was Mutter anstellt, wenn wir nicht rechtzeitig kommen.»

Thomas hätte auf die Knie sinken und der Vorsehung danken mögen. Statt dessen gab er sich die größte Mühe, Vater so rasch wie möglich aus dem gefährlichen Bereich herauszulotsen. Wie er den Rückweg fand, wurde ihm nie so recht klar. Beim Hinweg hatte er in seiner Not nicht auf die wechselnde Richtung geachtet und war nun gänzlich ohne Orientierungsmittel. Aber wie schon einmal, griff ihm das Glück wieder unter die Arme, denn nach vielem Hin und Her bogen sie nichtsahnend um eine Ecke und waren angelangt.

Im ersten unbeobachteten Augenblick kaufte er sich einen Stadtplan. Aber seltsamerweise schien Vater alles Interesse an der Universität verloren zu haben. Weder am nächsten noch an den folgenden Tagen verlangte ihn danach, den Spaziergang zu wiederholen, und sie schieden in bestem Einvernehmen, als der Abreisetag gekommen war. Das heißt, zuvor kam noch jener Moment, in dem Thomas zum erstenmal einen Blick in Vaters Inneres tat – einen dankbaren und beschämten Blick. Vater lehnte aus dem Fenster seines Abteils, Mutter war im Hintergrund noch mit ihrem Gepäck beschäftigt, und plötzlich kam er auf den Ausflug zurück.

«Diesmal sind wir nun nicht mehr hingekommen», meinte er, «aber das nächste Mal wird es sicherlich besser klappen.»

Er sah Thomas eine Sekunde lächelnd an, und wieder entdeckte der Filius jenes Etwas, jenen feinen, ironischen Glanz in seinen Augen. Darauf fuhr er mit einem freundlichen Nicken fort: «Dann wirst du dich hier auch besser eingelebt haben.»

Ja, das sagte er und meinte doch etwas ganz anderes. Und während Thomas, leicht betreten, über den Bahnhofsplatz zurückging, fragte er sich mit roten Ohren, wann Vater seinen Schwindel wohl gemerkt haben mochte. Auf dem Platz erst oder gar schon früher?

ZWEITES KAPITEL

Großvaters munterer Liebling

Väter sind bekanntlich immer Primus in der Klasse und auch sonst stets tadellose Musterknaben gewesen. Man kennt das ja. Da kann ihnen noch so oft vom Großpapa oder Pauker der Hosenboden strammgezogen worden sein, aber, angesichts der scheinbar respektvoll lauschenden eigenen Nachwuchsschar erliegen sie unweigerlich der Vorstellung, ihr einstiges kurzhosiges Selbst aus pädagogischen Gründen in die Lichtgestalt eines strebsamen, zur Trübung keines Wässerleins fähigen Bübleins verwandeln zu müssen, die einem beim bloßen Zuhören schon einen Gähnkrampf verursachen kann.

Vater war da anders. Er packte zwar nicht wahllos seine jugendlichen Untaten aus, aber bei passender Gelegenheit kam er doch mal mit dieser, mal mit jener ans Licht, die – wir merkten das damals nur nicht – tunlichst immer eine hinterlistig versteckte Moral enthielt. So gewannen wir allmählich den tröstlichen Eindruck, daß er nicht gleich mit Zwicker und steifem Kragen zur Welt gekommen war, wie Schulgenossen von uns von ihren eigenen Vätern ernstlich vermuteten. Und hätten wir gewußt, wie reichlich ungeschickt sich auch Vater bei seiner ersten Begegnung mit Mutter benommen hatte, wären wir in der Zeit unserer ersten Poussagen aus manchem enttäuschenden Rendezvous vermutlich weniger seelisch zerknittert hervorgegangen. Aber so ist das nun: Wovon man wirklich was lernen könnte, das wird einem natürlich nie erzählt.

Mit Mutter war das so gekommen: Sie war damals, so um die Jahrhundertwende herum, zur Hochzeit eines Vetters auf dem Lande geladen worden, und sie hatte die Einladung nur unter der Voraussetzung angenommen, daß man einen «schicken Herrn» neben sie setzte. Das war allerhand Tobak für ein junges Mädchen aus besseren Kreisen, aber wer sich Mutters Jugendbilder betrachtet, wird keinen Augenblick zweifeln, daß sie sich wirklich so flott ausgedrückt hat. Denn alles, was recht ist – sie muß ein hübsches Ding gewesen sein, und sie muß es zudem auch noch haargenau gewußt haben, sonst wäre dieser kecke, lächelnde, selbstsichere und ein ganz klein wenig herausfordernde Blick nicht in ihren blanken, dunklen, siegessicheren Augen gewesen – ein Ausdruck, den wir mit Rührung zuweilen auch heute noch bei ihr sehen – heute noch, und dabei ist sie über die Mädchenjahre eine Kleinigkeit raus. Ja, hübsch war sie und zudem noch Großvaters Liebling, ein verwöhnter Fratz, der es faustdick hinter den Ohren hatte.

Sie wollte also ihren «schicken Herrn», und der schickste weit und breit in der Runde war der Lehrer, das heißt Vater, und Vater wurde also als ihr Tischherr gebeten. Ich habe auch von ihm ein altes Bild bei der Hand, und ich muß schon sagen, in puncto männlicher Schönheit und «Schickheit» scheinen sich die Begriffe seit damals beträchtlich gewandelt zu haben. Dünn wie ein Hering war er, die Stehkragenröhre ragte gewaltig auf, aber der Hals war noch länger, ein Zwicker ritt ihm auf der länglichen Nase, und das blonde Haar trug er wie eine Bürste geschnitten. Aber Mutter gefiel er, gefiel er auf den ersten Blick, und sie wußte es gleich: der Hering war es oder keiner.

Vater muß von ihrem jugendlichen Glanz ziemlich geblendet gewesen sein, denn es passierten ihm einige peinliche Mißgeschicke. Zuerst trat er ihr bei der Polonäse mit seinen gepumpten und darum zu großen Stiefeletten den Rocksaum ab, und dann schüttete er ihr bei dem Versuch, ihrer beider Gläser hinterrücks zu vertauschen, um seine Lippen an dieselbe Stelle heften zu können, an der sie genippt hatte, den Inhalt seines Gemäßes über den Rock. Mutter besah sich den Schaden, schluckte einmal, hob mit einem ein wenig mühsamen Lächeln den Kopf und sagte dann mit langsam wiederkehrender Heiterkeit: «Na, nun kann mir wenigstens nicht mehr allzu viel passieren.»

In dieser Sekunde spätestens muß es auch bei Vater endgültig und für immer gezündet haben.

Aber den Rubikon der offiziellen Genehmigung zur Werbung um Großvaters munteren Liebling hatte er deswegen noch lange nicht überschritten. Die Angelegenheit sah im Gegenteil ziemlich brenzlig aus. Großvater war ganz und gar kein armer Mann, und wenn er überhaupt jemals an die Möglichkeit dachte, daß er eines Tages Mutter hergeben mußte, wird er zweifellos entschlossen gewesen sein, es keinesfalls unter einem besseren Prinzen zu machen. Und nun trabte statt dessen ein reichlich magerer Dorflehrer an, der auf seinem Haben-Konto nichts weiter hatte als den festen Entschluß, es in diesem Dasein noch weit zu bringen.

Das heißt, mit dem Antraben war es noch nichts, denn zuvor kam Mutter zum letzten Schliff in die Pension der Damen Brindaux in die Schweiz, und als sie zurückkam, war aus dem Dorflehrer inzwischen ein Studiosus der höheren Ökonomie an der Universität Leipzig geworden.

Es führte zu weit, jeder einzelnen Windung des vielfach verschlungenen Schleichpfades zu folgen, auf dem Vater von Mutter und anderen listig für ihre Sache geworbenen Familienmitgliedern Großvater als empfehlenswerter Ehekandidat vorgeführt wurde. Das wichtigste ist schließlich ihre erste persönliche Begegnung, auf der Vater entweder zu siegen oder zu sterben hatte. Denn für halbe Sachen war Großvater nicht.

Sie fand unter dem mehr als fadenscheinigen Vorwand statt, daß Vater als angehender Nationalökonom Großvaters Zuckerfabrik zu besichtigen wünschte. Kein Mensch nahm es ernst, aber alle, Großvater eingeschlossen, taten so, als ob sie es glaubten. Ich kann mir gut vorstellen, wie sich Großvater in seinem gemütlichen Studierzimmer mit den Dostojewski-, Zola- und Balzacbänden und den vielen roten und blauen Rücken von Engelhorns und Spemanns Romanbücherei in den hohen Regalen die mageren Hände rieb und dachte: «Na, laß ihn nur kommen. Ich werde ihm den Marsch schon blasen.» Denn eins steht fest: er wollte ihn so schnell und schmerzlos wie möglich wieder vergraulen.

Und dann war Vater eines schönen Maientages zur Stelle. Ein abgeschabtes Köfferchen barg Zahnbürste, Nachthemd und eine Kragenröhre zum Wechseln, und das Lampenfieber war seinem blassen, angespannten Gesicht drei Kilometer weit anzusehen.

Großvater fing ihn, um ihm erst gar nicht Gelegenheit zu geben, Mutter zu sehen, im Kontor unten ab, wo Großvaters Stehpult stand, Bismarck grimmig von der getünchten Wand herniederblickte und ein paar Schreiberlinge hurtig mit ihren Federn über Frachtscheine und

Fakturen kratzten. Ohne ihm viel Zeit zum Ausruhen von der Reise zu gönnen oder ihm gar zur Stärkung etwas Eß- oder Trinkbares anzubieten, nahm Großvater seinen Besuch beim Wickel und begann, ihn durch alle Winkel des weitverzweigten Fabrikkomplexes zu schleifen. Zwei geschlagene Stunden marschierten sie im Schnellschritt durch Hallen, Ställe und Flure, über Höfe, an den Schwemmen vorbei zum Gradierwerk hinüber, über Treppen und Leitern, hinauf und hinunter. Zwischendurch warf Großvater Vater verstohlen prüfende Blicke zu, aber außer daß sich unter den Bürstenhaaren kalte Schweißperlen auf Vaters Denkerstirn zu bilden begannen und sein blasses Gesicht einen beinahe durchscheinenden Glanz annahm, war ihm zu Großvaters Mißvergnügen nicht das mindeste anzumerken. Zuweilen gelang es Vater sogar, Großvaters Erklärungen um eine beachtliches Verständnis bekundende Bemerkung zu bereichern.

Nach zwei Stunden hatte Großvater selber vollauf genug und erkundigte sich bei Vater, ob er für den Augenblick nicht zu ermüdet sei, um die Besichtigung noch fortsetzen zu können.

Vater nahm den letzten Rest seiner Kraft zusammen und erwiderte, was ihn betreffe, sei es durchaus nicht an dem.

«Aber», fuhr er fort, «wenn Sie selbst müde sein sollten, Herr Direktor, bin ich selbstverständlich gern zu einer Pause bereit.»

Großvater erschien daraufhin leise verstimmt in Begleitung des Gastes in der Wohnung, und als er sich eben im Schlafzimmer die Hände wusch und mit Bekümmernis daran dachte, wie schön es jetzt wäre, die schmerzenden Füße erholsam in bequemen Pantoffeln zu bergen, schoß Großmutter aufgeregt herein.

«Was ist er für ein Mensch?» fragte sie flüsternd, obwohl niemand sie hätte hören können. «Hast du einen guten Eindruck?»

Großvater ließ seufzend den Gedanken an die Pantoffeln fahren und erwiderte brummig, nicht ohne einen Unterton von Hochachtung in der Stimme: «Na, jedenfalls ist er besser zu Fuß, als ich dachte.»

Natürlich war Großvater mit seinem Latein noch längst nicht am Ende. Während Vater im Gästezimmer mit sich selbst Wiederbelebungsversuche anstellte, um für weitere Strapazen gewappnet zu sein, wanderte er zwischen dem Plüschkanapee und den Bücherregalen in seinem Studierzimmer hin und her, qualmte eine Pfeife voll Kirschblätter-Tabak und entwarf seinen Schlachtplan für den Nachmittag und Abend. Zunächst schärfte er Großmutter ein, Mutter und den jungen Ökonomen nicht eine Sekunde aus den Augen zu lassen. Dann bedeckte er den kahlgeschorenen, graustoppeligen Piratenschädel mit einer kohlblattähnlichen Radfahrermütze, ergriff seinen knorrigen Spazierstock und begab sich, ohne weitere Erklärungen von sich zu geben, zu Gastwirt Pinkernelle im Dorf. Als er, den Spazierstock ungewohnt heiter durch die milde Maienluft schwingend, wieder zurückkam, trug er eine Kiste Zigarren unter dem Arm, die ihm Herr Pinkernelle als besonders kräftig und durchschlagend empfohlen hatte.

«Kann einen Ackergaul in die Knie zwingen», hatte Herr Pinkernelle hinter seiner Theke lobend gesagt. «Aber wer's verträgt, der hat was davon.»

«Hauptsache, daß ich was davon habe», hatte Großvater rätselvoll erwidert, und in seinen weitsichtigen grauen Augen hatte der ferne Widerschein eines diabolischen Lächelns gestanden.

Seine Stimmung sank beträchtlich, als er die Treppe heraufkam und vom Musikzimmer her, mit viel Gefühl auf dem Klavier produziert, die Klänge von «Ich bete an die Macht der Liebe» vernahm. Er schlich sich zur Tür, öffnete sie vorsichtig um einen Spalt, und lugte hinein. Der Virtuose war Vater. Mutter saß ein Stückchen weiter in einem grünen Preßsamtsessel mit viel Troddeln, einen Stickrahmen auf den Knien, und sah hingerissen zu Vater auf, als umschwebe sein bürstiges Haupthaar die Gloriole eines Heiligenscheins. Im Hintergrund thronte Großmutter auf dem Sofa und strickte.

Als spüre sie Großvaters grimmigen Blick, sah sie auf, rückte ihre Brille gerade, bemerkte erschrocken, daß er ihr winkte, und erhob sich.

Ohne die beiden am Klavier aus dem mißtrauischen Auge zu lassen, zog Großvater sie auf den Flur hinaus und zischte ärgerlich:

«Hab ich dir nicht gesagt, daß du auf die beiden aufpassen sollst!»

«Hab ich ja», verteidigte sich Großmutter ebenso leise. «Ich habe die ganze Zeit dabeigesessen.»

«So», sagte Großvater mit bitterem Hohn, «dann hast du also sehenden Auges zugelassen, daß dieser Phthisiker Grete Liebeserklärungen macht.»

«Der was?» fragte Großmutter verdutzt. «Wie kommst du bloß auf Physiker?»

«Phthisiker, nicht Physiker», bemerkte Großvater ungeduldig. «Ein Phthisiker ist ein Mensch von schwächlicher Konstitution, der es auf der Lunge hat. Sieh ihn dir nur an. Er hat nicht mal genug Murr für einen richtigen Anschlag in den Knochen.»

Großvater spielte auch Klavier, und sein Anschlag hatte etwas von der dröhnenden Wucht von Paukenschlägen.

«Nach deinen Erfahrungen», erwiderte Großmutter beziehungsvoll, «hat er es ja mehr in den Füßen als in den Händen. Und was die Liebeserklärung anbelangt, so habe ich nichts davon bemerkt.»

Ihre Anspielung hatte Großvater zum Schweigen gebracht, aber der letzte Satz erregte von neuem seinen Grimm.

«Und wie nennst du das?» fragte er und ahmte in übertriebener Weise Vaters Klavierspiel nach. «Ist dir der Text vielleicht bekannt? Es fehlte bloß noch, daß er's ihr vorsingt.»

Großmutter richtete sich zu ihrer ganzen, nicht eben einschüchternden Höhe auf und maß Großvater – immer noch zu ihrem Leidwesen von unten – mit einem abschätzigen Blick. «Dann wär's mir immer noch lieber», erklärte sie, «als der gewisse Gassenhauer, den du in unserer Brautzeit unter meinem Fenster zu pfeifen pflegtest.»

Großvater war nicht an Widerspruch gewöhnt, von Großmutter schon gar nicht, und so stimmte ihn ihr aufsässiges Verhalten bedenklich. Der junge Mann schien Fortschritte gemacht zu haben, zumindest bei der erhofften Schwiegermutter, aber noch war er ja da, um seinen Liebling vor einer Mesalliance zu bewahren. Diesem Phthisiker würde die Lust schon vergehen, weiter um sein Gretchen herumzuscharwenzeln.

Beim Abendessen benahm er sich zu Großmutters Erleichterung überraschend verträglich, aber als er gegen Ende der Mahlzeit die Absicht kundtat, im Pavillon unten im Garten zur Feier des Tages und der Jahreszeit angemessen im Familienkreise ein paar Gläschen Maibowle zu konsumieren, wurde sie hellhörig. Großvaters Hang zur Geselligkeit war nicht eben übermäßig entwickelt, aber wenn er auch altpreußisch sparsam war und aus diesem Grunde weder Teppiche noch andere Beleuchtungskörper als grünbeschirmte Bürolampen zum Herunterziehen in seiner Wohnung duldete, war er doch einem Gläschen unter guten Freunden nicht abgeneigt. Aber das war es eben: unter guten Freunden, und Großmutter hatte allen Grund anzunehmen, daß Vater nicht zu seinen guten Freunden zählte. Was steckte dann aber hinter seinem Vorschlag?

Während Großvater mit Vater als Kerzenhalter in den Weinkeller hinunterstieg, teilte sie Mutter ihre vagen Befürchtungen mit. «Ich weiß nicht recht», schloß sie, «aber mir ist, als führe er was im Schilde.»

Mutter, die Großvaters gute Laune während des Essens als soliden Wechsel auf künftige Seligkeit ansah, dachte nicht daran, sich ihre Freude verwässern zu lassen. «Du irrst dich sicher», erwiderte sie zuversichtlich. «Heinz . . .» Sie errötete und fing noch einmal an. «Herr Keller sagt, sie seien heute vormittag recht gut miteinander ausgekommen, und er habe den Eindruck, daß sie sich verstünden.»

Großmutter sah elegisch zur Decke auf und ließ einen Seufzer hören.

«Du lieber Himmel», sagte sie. «Ich bin fünfundzwanzig Jahre mit ihm verheiratet und habe meinerseits zuweilen den Eindruck, daß ich ihn immer noch nicht verstehe.»

Sie begegnete Mutters erstauntem Blick und nahm sich zusammen. Schließlich war das kein Gesprächsgegenstand für die Ohren eines verliebten Mädchens. «Na ja», fuhr sie fort, «wie du sagst: ich kann mich ja irren.»

In diesem Augenblick hörten sie die beiden Männer mit klirrenden Weinflaschen über den Flur in die große Küche wandern. Mutter war schon im Abmarsch dorthin, um ja keinen der kostbaren Momente zu verpassen, die sie mit Vater verbringen konnte, und rief nur noch lächelnd über die Schulter zurück: «Ich muß zusehen, daß die Bowle nicht zu schwer wird. Heinz . . . Herr Keller sagt, er vertrüge nicht viel.»

Sie ahnte nicht, daß sie damit den Groschen bei Großmutter zum Fallen brachte.

«Halt!» rief sie. «Komm doch noch mal zurück.» Und als Mutter, wenig erbaut, wieder in Flüstertonnähe stand: «Es ist vielleicht nicht ganz in der Ordnung, aber ich habe dringend mit dir zu reden.»

Als Folge dieser Unterredung schlich sich Mutter eine Viertelstunde später zu Bohnebolds Kammer im Pförtnerhäuschen. Bohnebold war ein listiger alter Fuchs, ein ehemaliger Arbeiter aus der Fabrik, der als eine Art Faktotum zu allerlei kleineren Verrichtungen wie Botengängen, Gartenarbeiten und dergleichen herangezogen wurde. Nach Großvaters oftmals geäußerter Ansicht hatte er zwar «ein Brett vor dem Kopf mit Eichenlaub und Schwertern», aber Großmutter fand, daß er recht helle war, wenn es ihm darum ging, gratis zu einem oder mehreren Gläschen Korn zu kommen. Sie hatte schon ein paarmal versucht, ihm die Trinkerei auszureden, aber Bohnebold hatte keine Läuterungsabsichten kundgetan.

«Lassen Se man, Frau Direktern», hatte er mit einem vertraulichen Grinsen gesagt, das sein stoppliges Altmännergesicht mit den wasserhellen Äuglein in ein einziges Faltenmeer verwandelte, «een Laster muß der Mensch ja haben. Und wenn Frau Direktern selber hin und wieder mal eenen verkasematuckelten, würden Se sich wegen den paar Fingerhutvoll gar nicht so haben.»

Nach dieser von Fuselduft umwehten Ansprache steckte Großmutter entmutigt ihre Bemühungen auf, und auf Großvaters realistischere Drohung, allen Wirten im Ort den Ausschank von Schnaps an ihn zu untersagen, antwortete Bohnebold ungerührt: «Denn kööp ick mir ebent 'n Faat, Herr Direkter.»

So einer war also Bohnebold, aber für das, was Großmutter mit ihm vorhatte, war er gerade der richtige Mann. Er sollte sich nämlich mucksmäuschenstill in den nächtlichen Schatten unmittelbar vor der Mauer des Pavillons setzen, wo Großvater ihn nicht sehen konnte, und Großmutter wollte dafür sorgen, daß der junge Herr Keller an dieser Pavillonseite seinen Platz bekam. Wenn er, wie das nur natürlich war, sein Glas auf die niedrige Rundmauer stellte, hatte Bohnebold die beste Gelegenheit, von jenseits der Mauer hochzulangen, das Glas auszutrinken und unauffällig wieder zurückzustellen. Die Unterhaltung und vor allem das schummrige Licht des kerzenbestückten Lampions würden zweifellos dafür sorgen, daß niemand auf Bohnebolds Wirken kam.

Wenn man bedenkt, daß Großmutter sie ausgeheckt hatte, war die Rechnung gar nicht so übel, aber sie hatte sie eben ohne den Wirt gemacht – den Wirt nämlich, bei dem Bohnebold auf dem Wege zum Garten eingekehrt war, um das unvorhergesehene Trinkgelage auf Großvaters Kosten mit ein paar anwärmenden Schnäpschen festlich einzuleiten. Die erstaunliche Kunde, daß ausgerechnet Bohnebold sozusagen zu einer Maibowle zu «Direkters» geladen war, fachte die allgemeine Spendierlust so an, daß sich der Brave schon mit einer ziemlichen Schlagseite auf den weiteren Weg zum Pavillon machte.

Nun gab es zwei Pavillons im Garten: einen kleineren gleich vornan, der nur zum Aufbewahren von Harken, Schaufeln und anderem Werkzeug diente, und einen zweiten, größeren mehr in der Mitte, von dem aus man einen wunderhübschen Blick über ein Rasenrondell auf einen wild wuchernden Rosenstrauch und einen mächtigen alten Nußbaum hatte. In diesem zweiten sollte die Festlichkeit steigen.

Sei es nun, daß Bohnebold angesichts des ersten irrtümlich glaubte, schon am Ziele zu sein, sei es, daß ihm sein fortgeschrittener Zustand einen weiteren Vormarsch durch das ungewisse Gartendunkel nicht mehr erlaubte – eines ist sicher: daß er schon beim ersten ins Gras sank, die Beine behaglich von sich streckte und im Warten auf die Maibowle sanft entschlummerte.

Die Folgen dieser Schicksalstücke lassen sich denken. Als die kleine Gesellschaft mit milde leuchtendem Lampion, klingelnden Gläsern, Bowlenterrine und allem sonstigen Zubehör im mittleren Pavillon erschien, galt Mutters erster heimlicher Blick dem Platz, wo sich Bohnebold zu befinden hatte. Der Platz war leer, und auch sonst war keine Spur von ihm zu entdecken. Großmutter, der die Sachlage ebenfalls nicht entgangen war, hob hinter Großvaters Rücken ergeben die in gerüschter grauer Seide steckenden Schultern. Für ihren Teil hatte sie getan, was sie konnte. Für alles weitere mußte der junge Mann selber sorgen.

Aber zum Unterschied von ihr war Mutter nicht so leicht aus dem Feld zu schlagen. Großvaters Benehmen hatte sie nun auch davon überzeugt, daß er etwas im Schilde führte, und sie war fest entschlossen, Vater beizustehen. Schließlich ging es ja um ihr Lebensglück – Mutter war sehr stolz auf diesen Gedanken, der ihr ungemeine Entschlußkraft einflößte. Die Frage war nur, wie sie ihm beistehen konnte.

Sie brauchte nicht lange auf eine Antwort zu warten. Großvater hatte Vater gleich mit einer der kohlschwarzen Pinkernelleschen Zigarren versorgt – zur Erhöhung der Gemütlichkeit, wie er sagte –, und nachdem Vater einen ersten Erstickungsanfall überstanden hatte, begannen sich nach drei weiteren Zügen seine Wangen leicht grünlich zu färben. Großvater sah es selbst in der schummrigen Beleuchtung, schob ihm ein Glas Bowle über den Tisch und bemerkte hinterhältig: «Für die Damen habe ich sie reichlich verdünnt, aber wir beide können ja einen kräftigeren Tropfen vertragen. Auf Ihr Spezielles also, junger Freund.»

Dieser erste Schluck war der einzige, den Vater von der starken Bowle trank, denn alles, was danach kam – und das war nicht wenig –, bewältigte Mutter. Es gab, das erkannte sie, keine andere Möglichkeit, Vaters Waterloo zu verhindern und damit den Zusammenbruch ihrer zärtlich gehegten, stillen Hoffnungen zu verhüten. Zigarre allein, das mochte noch angehen. Aber Zigarre *und* Bowle, das war zuviel.

Glas auf Glas tauschte sie, sobald Großvater es eilfertig wieder gefüllt hatte, heimlich gegen das ihre mit der verdünnten Bowle um und schüttete seinen Inhalt mit Todesverachtung hinunter. Großvater wunderte sich indessen, wie gut der Phthisiker Haltung bewahrte, und als das Gespräch gar auf sein Steckenpferd, das Fabrizieren von Zucker, geriet und Vaters Fragen unmißverständlich bewiesen, daß er noch alle Gedanken beisammen hatte, begann bei Großvater, der vor jeder Tüchtigkeit Respekt empfand, so etwas wie Sympathie für ihn aufzukeimen. Und nur Großmutter saß, in ihr Schultertuch mit den Fransen gewickelt, stumm dabei, die Augen angstvoll auf die Tochter geheftet, und wartete auf die Posaunen des Jüngsten Gerichts, die die Aufdeckung des ganzen Schwindels einleiten mußten.

Aber es kam viel einfacher, als sie dachte. Ohne besondere musikalische Ankündigung fiel Mutter nämlich einfach mir nichts, dir nichts vom Stuhl, und das einzig Bemerkenswerte daran war, daß es im gleichen Moment passierte, in dem Großvater, dessen Geplauder allmählich wieder von der Zuckerfabrikation zu seinem zweitliebsten Gesprächsgegenstand, seinem Gretchen, gefunden hatte, in einer vertraulichen Anwandlung gerade sagte: «Strenge ist alles bei der Kindererziehung. In der Schweizer Pension war sie keinen Augenblick ohne Aufsicht, da hieß es immer Order parieren. Aber dafür kann sie sich auch jetzt überall sehen lassen.»

Da geschah's, wie gesagt. Wie von der Tarantel gestochen, fuhr Großvater von seinem Stuhl auf und brüllte: «Was . . . Was ist denn? Was hat sie denn, um Gottes willen?!»

Er starrte Großmutter an, als sei sie für Mutters Sturz verantwortlich, und Großmutter ächzte schwach: «Vielleicht hat sie einen Sonnenstich.»

«Um halb elf Uhr nachts», bemerkte Großvater beißend. «Du lieber Himmel!»

Dann beugte er sich über Mutter, um sie hochzuheben, und als er sich wieder aufrichtete, entdeckte Großmutter etwas wie Unsicherheit und äußerste Verblüffung in seinen Augen.

«Es kann doch Sonnenstich gewesen sein», murmelte er, Großmutters und Vaters Blick ausweichend. «Jedenfalls wäre es nicht verwunderlicher als das.»

Dann hatte er zu seiner gewohnten Aktivität zurückgefunden. «Fassen Sie an», knurrte er grimmig Vater zu. «Ich sag's nicht gern, und ich weiß auch nicht, wie es gekommen ist, aber das Mädel ist jedenfalls sternhagelvoll.»

Der Geschichte dieses denkwürdigen Abends wäre zur Vervollständigung nur noch nachzutragen, daß erstens Bohnebold, als er in der Morgenkühle des nächsten Tages fröstelnd und mit dickem Kopf im feuchten Grase erwachte, der festen Meinung war, an Großvaters Maibowle teilgenommen zu haben, und bei dieser erhebenden Meinung auch während des Restes seines Lebens blieb, und daß zweitens weder Vater noch Mutter jemals erfuhren, welchem Umstand sie Großvaters Zustimmung zu ihrer Verlobung wirklich verdankten. Hatte er erraten, wie Mutter zu ihrem Rausch gekommen war, und sich durch ihr opfervolles Eintreten für den Erwählten ihres Herzens rühren lassen, oder war er durch den Rausch zu der niederschmetternden Einsicht gelangt, daß es höchste Zeit sei, Mutter in feste Hände zu geben, bevor sie noch Schlimmeres anstellte? Im Dunkel der Vermutung bleibt es. Verbürgt ist nur, daß Mutter Vater am folgenden Tage als glückstrahlende Verlobte allein zum Bahnhof begleiten durfte und daß Vater, während sie auf dem leeren Bahnsteig auf den Bummelzug warteten, ein wenig gehemmt und mit zärtlichem Vorwurf zu ihr sagte: «Mit dem . . . nun,

Trinken muß es jetzt Schluß sein, Schatz. Offenbar ist dein Vater in dieser Hinsicht ein wenig ... hm ... nachsichtig mit dir gewesen, aber ich weiß, daß du dich in Zukunft zusammennehmen wirst, wenn ich drum bitte. Allein schon ...»

Er wurde rot, aber da er alles zu Ende sprach, was er einmal begonnen hatte, fuhr er tapfer fort: «... unserer Kinder wegen.»

DRITTES KAPITEL

«Faul und unaufmerksam. Ungenügend»

Der Kinder wegen ... Dreas war das erste. Andreas hieß er in Wirklichkeit, aber kein Mensch nannte ihn jemals bei seinem richtigen Namen – außer Vater, wenn er mit ihm ein Hühnchen zu rupfen hatte. Dreas hielt später den Familienrekord im Sitzenbleiben so beharrlich, daß Vater schließlich einwilligte, daß er Schauspieler werden durfte.

«Aber vorher mußt du auf die Handelsschule», sagte Vater. «Für den Fall, daß es mit der Schauspielerei nichts ist, hast du einen anständigen Beruf zu lernen. Schließlich braucht ihr euch nicht einzubilden, daß ihr mir ewig auf der Tasche liegen könnt.»

Dreas war besten Willens, Vaters fürsorglicher Anordnung nachzukommen, aber nachdem er zwei Monate mit doppelter Buchführung, Handelskorrespondenz und kaufmännischem Englisch gerungen hatte, steckten seine Lehrer demoralisiert ihre Bemühungen auf und deuteten Vater höflich an, daß die künstlerische Begabung seines Sohnes wohl keinen Raum für andere Befähigungen übriggelassen habe. Vater gab sich zwar nicht gerne geschlagen, andererseits aber fand er es unökonomisch, in ein hoffnungsloses Unternehmen Zeit und Geld zu investieren, und schließlich hatte er, wenn er es auch aus pädagogischen Gründen ungern offen zugab, unbegrenztes Vertrauen in seine Sprößlinge. Schließlich hatten sie von ihm und auch Mutter allerlei mitgekriegt, das ihnen im Leben voranhelfen mußte und einen Vorsprung vor den anderen gab. Natürlich mußte jeder mit seinem Pfunde wuchern, das hieß: an sich arbeiten und seine Fähigkeiten entwickeln, und dafür war er auch immer bereit, Geld auszuspucken.

«Erben tut ihr von mir keinen Pfifferling», pflegte er häufig zu sagen, «aber Geld fürs Lernen könnt ihr immer von mir haben. Und wenn ihr dann soweit seid», fuhr er grinsend fort, «hoffe ich, daß ihr Anstand genug im Leibe habt, Mutter und mir den Lebensabend nach Kräften zu vergolden.»

Er sah uns der Reihe nach verdächtig schmunzelnd an, dann faßte er nach Mutters Hand und sagte, als ob er vergessen habe, daß wir noch vor ihm standen: «Weißt du, Grete, für die Zeit heben wir uns noch ein paar bessere Wünsche auf – eine kleine Weltreise, zum Beispiel, erster Klasse, versteht sich. Den ganzen Tag auf der faulen Haut liegen, sich von den Wellen schaukeln und von hinten und vorne bedienen lassen, und wenn wir das Reisegeld verputzt haben, brauchen wir nur im nächstbesten Hafen aufs Postamt zu gehen und an einen der Jungs oder an Bixi telegrafieren, immer schön dem Alter nach. Und jeder wird sich dann ein Bein ausreißen, um seine armen Eltern auch nicht eine Stunde lang unnötig am Hungertuche nagen zu lassen.»

Spätestens an dieser Stelle war es regelmäßig um unseren ein wenig verlegenen Ernst geschehen, denn daß Vater mit seinem gesegneten Appetit und seinem respektablen Leibesumfang einmal an einem Hungertuch – was das auch sein mochte – nagen könnte, blieb für uns immer eine Vorstellung von unwiderstehlicher Komik. Und andererseits schmeichelte es uns ungeheuer, daß eine in jeder Beziehung so gewichtige Persönlichkeit wie Vater tatsächlich daran dachte, sich selbst und Mutter eines Tages unseren schwachen Händen anzuvertrauen, und wir waren fest entschlossen, daß es ihnen dann an nichts fehlen sollte.

Einstweilen aber waren wir noch weit von dieser Möglichkeit entfernt, und statt daß wir für Vater sorgten, sorgte er dafür, daß die Bäume unseres Übermuts nicht in den Himmel wuchsen. Manchmal allerdings mit zweifelhaftem Erfolg.

Wir wohnten damals in Mannheim am Rhein, im vierten Stock eines soliden, bürgerlichen Hauses, den grünen Anlagen an der Rückfront der Heilig-Geist-Kirche schräg gegenüber, und unser Kinderzimmer hatte einen Balkon mit abenteuerlich verschnörkeltem Eisengeländer zur Straße hinaus. Ein wenig seitwärts und tief darunter war die Haustür, und wir hatten hin und wieder schon mal versuchsweise runtergespuckt, um zu sehen, ob wir die Leute, die ins Haus wollten, treffen konnten. Genau genommen, hatten wir es auf den Wäschemann abgesehen, der uns einmal bei Mutter verpetzt hatte, weil wir seinen Karren weggezogen und in einer Querstraße versteckt hatten, während er in einem Haus gewesen war, um ein Wäschepaket abzuliefern. Wir hatten natürlich keine Ahnung gehabt, daß dieser Wäschemann zufällig auch unser Wäschemann war und darum genau wußte, wo er seinen grimmigen Protest anzubringen hatte. Sonst hätten wir uns besser vorgesehen.

Nun, Mutter war an solcherlei Kummer gewöhnt. Überdies fand sie, der Wäschemann habe keinen Humor, und das machte ihn ihr weder unbedingt sympathischer noch ihre Strafpredigt überzeugender. Wir fanden den Wäschemann gleichfalls völlig humorlos, und Bixi meinte als erste, er habe Schlimmeres verdient als ein bißchen Spucke auf die Hutkrempe. «Man müßte mindestens einen Spüleimer Wasser auf ihn runterschütten», sagte sie.

«Geht nicht», lehnte Dreas ab, und als wir ihn enttäuscht ansahen, weil wir der Ansicht waren, daß der verräterische Wäschemann soviel Mitgefühl nicht verdiene, fuhr er nachdenklich fort: «Ein Eimer mit Wasser ist zu schwer. Und richtig zielen kann man damit auch nicht.»

Das Zielen war nämlich unser Problem. Wenn ein bißchen Wind ging, trieb die Spucke ab. Es mußte also etwas Schwereres sein. Schließlich brachte Dreas aus der Schule eine vielversprechende Idee mit nach Hause. (Vokabeln und Algebraformeln gingen ihm zum einen Ohr rein und zum andern raus, aber für solcherlei Dinge hatte er ein erstaunlich aufnahmebereites Gedächtnis.) Wenn man ein aus einem Schulheft herausgerissenes Blatt in einer bestimmten Art faltete, kam etwas wie ein Ballon zustande, den man mit Wasser füllen und fallen lassen konnte. Wenn er unten aufs Pflaster klatschte, gab es einen mächtigen Knall, der selbst nervenstarke Leute zum panischen Beiseitespringen brachte, und der feuchte Inhalt sprühte hübsch weit umher.

Wir hatten also hinter Mutters und der Köchin Rücken einen Eimer voll Wasser auf den Balkon geschleppt und ein altes Schulheft für die Faltballons geopfert – ein Schulfheft mußte es sein, weil das Papier fester und undurchlässiger war als gewöhnliches – und warteten gespannt auf den ersten Passanten, der am Haus vorbeigehen oder gar Anstalten machen würde, es zu betreten. Zufällig war es Vater, aber im Eifer des Gefechts merkten wir's erst, als unsere erste Übungswasserbombe schon auf dem Weg war.

Erschrocken zogen wir unsere Köpfe ein, gleich darauf hörten wir es klatschen und unmittelbar danach einen dumpfen Aufschrei, der uns fürchterlich in den Ohren klang. Zwei Minuten später stand Vater keuchend im Zimmer. Sein Hut tropfte vor Nässe, unter dem Ohr klebte noch ein Stückchen Papier, und auch das Jackett hatte allerlei abgekriegt.

«Volltreffer», flüsterte Bixi Dreas bewundernd zu, der sich des Lobs in diesem Moment nicht recht freuen konnte. Dann nahm Vater das Wort.

«Wer war das?» brüllte er.

Als sich keiner von uns rührte, zwang er sich ein furchterregendes Lächeln ab. «Also niemand», säuselte er. «Hm – vermutlich hat der alte Herr Pietsch von nebenan aus purem Übermut mit dem Ding nach mir geworfen, oder es ist vielleicht gar geradenwegs vom Himmel gefallen.»

Er machte eine Pause, ließ seinen Blick über uns hin wandern, und sein Lächeln wurde so milde, daß wir törichterweise zu hoffen begannen, der Sturm werde noch einmal vorüberziehen. Dann fuhr er fort: «Ja, das wird's sein – vom Himmel gefallen. Nur . . .»

Dieses ominöse «Nur» hob in honigsüßem Piano an, das sich während des Folgenden zu einem ungemütlichen Fortissimo steigerte.

«Nur frage ich mich, warum die himmlischen Mächte ausgerechnet eine Seite aus dem Diktatheft meines Sohnes Andreas zur Herstellung ihres Wurfgeschosses verwendet haben.»

Und damit schnellte er die Hand vor, die er bisher auf dem Rücken gehalten hatte, und hielt Dreas einen Fetzen nasses Schulheftpapier unter die Nase. Die Schrift war wohl verwischt, aber noch deutlich zu erkennen, und unten drunter stand lapidar mit roter Tinte: «Faul und unaufmerksam. Ungenügend.»

Der Tatbestand war klar, zu leugnen gab's nichts. Dreas starrte betreten das Papier an, runzelte krampfhaft die Stirn, hob sodann den Blick und bekannte schlicht: «Ich . . . ich war's.»

«Wir alle waren's», ergänzte Friedrich, und der Rest von uns nickte.

«So», sagte Vater, schon etwas sanfter gestimmt, «ihr alle also. Und da habt ihr euch ausgerechnet mich als Ziel ausgesucht. Hättet ihr nicht nach jemand . . .» Er räusperte sich. «Ich meine, hättet ihr euch nicht auf den Küchenbalkon verkrümeln können? Auf dem Hof unten ist nie ein Mensch.»

«Wir wollten's dir ja auch gar nicht auf den Kopf schmeißen», erklärte Dreas, der sich halbwegs wieder gefaßt hatte. «Zuerst wußten wir gar nicht, daß du es warst, und dann hat der Wind das Ding abgetrieben.»

«Unfug!» sagte Vater. «Kommt mir nicht mit faulen Ausreden. So weit kann der Wind nicht treiben. Die Haustür liegt mindestens zwei Meter seitwärts vom Balkon.»

Dreas und uns andere im Gefolge, marschierte er auf den Balkon hinaus und beugte sich über das Geländer. «Da habt ihr's», sagte er befriedigt. «Mindestens zwei Meter. Wo hast du gestanden?»

Das Problem hatte ihn gepackt, man sah es. «Hier? Da kommt noch ein Viertelmeter zu. Habt ihr noch so ein Ding bei der Hand?»

Wir hatten mehr als eins, und während Vater mit gesammelter Miene einen Zeigefinger anleckte und in die Luft hob, beeilte sich Friedrich, ein besonders reichlich geratenes Exemplar aufzublasen und in den Eimer zu tunken.

«Windstärke null Komma nichts», konstatierte Vater höhnisch. «Jedenfalls nicht genug, um einen Schmetterling von seinem Kurs abzubringen. Und da wollt ihr mir erzählen, ihr hättet nicht nach mir gezielt? Paßt mal auf.»

Mit den Fingerspitzen faßte er das triefende Ding, hielt es vorsichtig weit von sich ab, warf einen prüfenden Rundblick auf die menschenleere Straße hinunter und ließ es fallen.

Im gleichen Moment trat unten, mit steifem Hut und elegantem Sommerpaletot zum Ausgang gerüstet, Herr Jonas, der Hauswirt, aus der Tür. Vater lag mit ihm seit unserem Einzug im Streit, weil er die Wohnung unter uns hatte und sich dauernd über unser Hin- und Hergelaufe beschwerte – sogar dann, wenn wir gar nicht zu Hause waren –, aber solche Vergeltung hatte Vater wohl doch nicht im Sinne gelegen. Er wollte ihn warnen, aber bevor er noch den Mund aufbrachte, war das Unheil geschehen. Und ob Wind oder nicht – Vater hatte jedenfalls mitten ins Schwarze, das heißt genau auf Herrn Jonas' Hut getroffen.

Es muß von unten ein komischer Anblick gewesen sein, wie wir da alle schreckerstarrt nebeneinander über das Geländer hingen, doch Herr Jonas hatte für solcherlei Komik zumindest vorübergehend nichts übrig. Er war für einen rheumatischen älteren Herrn beachtlich behende zur Seite gesprungen, hatte sich den eingedrückten Hut vom Kopf gerissen, wild umhergeblickt und starrte nun wütend zu uns herauf.

«Das ist ja die Höhe!» schrie er, als er Vater in unserer Reihe entdeckte. «Sie stehen auch noch dabei und sehen zu, wie Ihre Lausejungs Attentate auf harmlose Passanten verüben.»

«Das waren nicht meine Lausejungs!» brüllte Vater zurück. «Das war ich selber!»

Wir sahen, wie Herr Jonas fassungslos nach Luft schnappte, dann stürzte er ins Haus, und Vater räusperte sich und wandte sich zu uns. «Da seht ihr, was passieren kann», sagte er streng. «Also laßt in Zukunft die Finger davon.»

«Du hast aber fein gezielt», bemerkte Bixi bewundernd.

«Ich hab gar nicht gezielt», fuhr Vater sie an. «Das fehlte noch.»

«Ich dachte», sagte Bixi unschuldig, «weil doch der Wind keinen Schmetterling von seinem Kurs hätte abbringen können.»

Vater bedachte sie mit einem vernichtenden Blick, aber dann mußte er doch grinsen.

«Na ja», sagte er, «man kann sich irren, und dann hat man mannhaft die Folgen zu tragen. Ihr werdet für euer Attentat auf mich den Saustall, den ihr Kinderzimmer nennt, piekfein herrichten, und ich werde zu Herrn Jonas runtergehen und ein paar passende Worte mit ihm reden. Wir beide aber –»

Er erwischte Dreas an einem seiner abstehenden Ohren und zog ihn näher.

«– haben danach noch ein besonderes Hühnchen zu rupfen. Ich sage nur: Faul und unaufmerksam. Ungenügend.»

VIERTES KAPITEL

Ferienwetter: Heiter bis veränderlich

Vater war mächtig lufthungrig, und wenn er irgendwie Zeit hatte, fuhr er – längst bevor es Mode wurde – über das Wochenende mit Mutter und uns an die Bergstraße oder ins Neckartal, um die Familie wieder einmal gründlich auszulüften, wie er sagte. Selbst von einem Bauernhof in die Stadt geraten, besorgte er, daß seine Nachkommenschaft gänzlich verstädtern könnte, und dem wollte er zuvorkommen, indem er uns so oft wie nur möglich und bei jedem Wetter mit der Natur in enge Berührung brachte. Das hieß nicht nur, daß wir bei solchen Gelegenheiten unsere Wanderstiefel für stundenlange Märsche zu schmieren und unsere Badehosen parat zu halten, sondern uns auch mit Skizzenblocks und vorsorglich gespitzten Bleistiften auszurüsten hatten. Denn Vater wollte, daß wir die Gegend, durch die wir marschierten, auch richtig sahen, und um uns dazu zu erziehen, schien ihm das Zeichnen am besten geeignet. Es war ihm ganz gleich, was dabei herauskam, nur sollten wir uns das, was wir vor uns hatten, genau ansehen und es dann möglichst naturgetreu zu Papier bringen. Und genau so gleichgültig ließ es ihn, wo wir gerade waren, wenn es ihm einfiel, daß wir irgendwas Interessantes zeichnen müßten: mitten im Wald oder auf einem belebten Marktplatz, wo wir allen Leuten im Wege standen und mit roten Ohren dulden mußten, daß man uns über die Schulter aufs Papier sah und mehr oder weniger lieblose Bemerkungen über uns machte.

«Wieso stört euch denn das?» pflegte Vater unschuldig zu fragen. «Da hör ich einfach gar nicht hin. Die sind wahrscheinlich hier jahrelang vorbeigegangen und haben gar nicht gemerkt, was sie da für einen wundervollen Brunnen haben. Was die mit den Augen sehen, seh ich mit meinen Hühneraugen.»

Nur eins brachte Vater aus dem Gleichgewicht: wenn er einen Radiergummi bei uns entdeckte. «Wirf auf der Stelle das Ding weg!» schmetterte er dann. «Radieren ist aller Laster Anfang. Wer radiert, der betrügt, denn er hat nicht richtig aufgepaßt und bildet sich ein, er kann's vertuschen. Seht ordentlich hin, dann braucht ihr nicht solche Schmierereien zu machen.»

Bei Vater war auch wirklich immer gleich von Anfang an alles an der richtigen Stelle: die Ziegel auf dem Dach – und zwar genau so viele, wie wirklich da waren –, die Blumentöpfe auf der Fensterbank, und wenn er einen Kirchturm zeichnete, dessen Uhr falsch ging, hatte er stets einen heftigen Kampf mit sich auszufechten, ob er der bestehenden oder der absoluten Wirklichkeit die Ehre geben sollte. Gewöhnlich zog er seine goldene Konfirmationsuhr aus der Weste, die immer die genaue Zeit zeigte, und richtete sich nach ihr.

Friedrich war der einzige von uns, der Vater in dieser Hinsicht nacheiferte. Er war in seinen Zeichnungen genau so penibel wie mit seinen Anzügen, und Vater betrachtete seine Skizzen mit besonderem Wohlgefallen. Die geniale Schmiererei in Dreas' zerfleddertem Skizzenbuch schien ihm dagegen suspekt, und Bixis Hang zum Karikieren erregte gelegentlich sein Mißvergnügen.

Manchmal spazierte er von einem zum andern, während wir noch zeichneten, um uns ein bißchen über die Schulter zu gucken. Dann konnte es passieren, daß er bei Bixi stehenblieb und einen Augenblick stirnrunzelnd auf ihren Block hinunterstarrte.

«Was ist denn das?» fragte er ärgerlich. «Du solltest doch das Türmchen zeichnen.»

«Ich fand das da aber hübscher», bemerkte Bixi, die sich bei Vater immer eine Kleinigkeit mehr herausnehmen konnte als wir Jungs.

Vater ließ sich den Block von ihr geben, hakte den einen Brillenbügel vom Ohr, wie immer, wenn er etwas besonders eingehend betrachten wollte, und nahm das Bügelende zwischen die gespitzten Lippen.

«Hm», brummte er. «Na ja . . .» Dann fing er an zu lachen.

«Nicht schlecht», sagte er, «wirklich nicht . . . Und dabei so lebensecht . . . Das stupide Gesicht und der Wanst, den der Kerl vor sich her schleppt. Ich möchte bloß wissen, wo du immer solche großartigen Typen hernimmst. Ich seh nie so jemand. Wo ist der, zum Beispiel?»

Während er sich nach dem Modell umsah, zog sich Bixi unauffällig aus der Reichweite seiner Arme zurück. Vater fiel auf, daß sie nicht antwortete und daß es überhaupt in unserem Kreise auffällig still war, wandte wieder seinen Blick zu ihr, die verlegen grinste, und dann auf den Block in seiner Hand. Und endlich stieg eine furchtbare Ahnung in ihm auf.

«Das soll doch wohl», fragte er mit unsicherer Stimme, «nicht etwa ich sein, wie?»

Bixi nickte und retirierte schleunigst drei weitere Schritte, bereit, jederzeit einen fliegenden Start über den Platz zu unternehmen. Aber Vater war zu erschlagen, um sie handgreiflich zur Rechenschaft zu ziehen.

«Lächerlich!» grollte er. «Ich seh nicht die leiseste Ähnlichkeit bei dieser albernen Schmiererei.»

«Aber sie hat dir doch eben noch ganz gut gefallen», bemerkte Bixi aus sicherer Entfernung.

«Mir? Gut?» brüllte Vater, der sich endlich von dem Schock erholt hatte. «Ja, aber unter ganz anderen Voraussetzungen. Wenn *ich* das sein soll, ist es eine erbärmliche Schmiererei, viel zu übertrieben, als daß sie überhaupt einem menschlichen Wesen ähnlich sehen könnte.»

Er entdeckte Mutter, die im Bäckerladen am anderen Ende des Marktplatzes gewesen war und sich über das verwitterte Kopfsteinpflaster näherte.

«Komm sofort her, Grete», befahl er, und als sie ein wenig beunruhigt neben ihm stand, hielt er ihr Bixis Block unter die Nase. «Wer ist das?» examinierte er hoffnungsvoll.

Mutter hob lächelnd den Blick zu ihm. «Du natürlich, Schatz», sagte sie, während Vater sie fassungslos ansah. «Es ist zwar ziemlich übertrieben, aber man sieht doch genau, wen es darstellen soll, und ich finde es eigentlich recht lustig.»

«Na, da soll doch . . .» murmelte Vater, aber es klang schon wie abziehendes Donnergrollen.

«Zumal», fuhr Mutter fort, «es eine alte Tatsache ist, daß man nur interessant aussehende Menschen richtig karikieren kann. Andere sind viel zu langweilig dazu.»

«Hm . . .» sagte Vater und betrachtete mit gerunzelter Stirn sein

Konterfei. «Hm ... Wenn ich's mir genau ansehe, kommt's mir auch so vor, als ob ... na ja, ich meine, daß es vielleicht doch eine Ähnlichkeit ... eine gewisse und gar nicht mal so kleine, eine ziemlich große Ähnlichkeit ...»

Er dämpfte mit Mühe das aufsteigende wohlgefällige Lächeln und wandte sich an Bixi: «Aber der Wanst da ... Cäsar hatte zwar nicht ohne Grund für wohlbeleibte Männer was übrig, und daß ich dürr bin, kann ich nun auch gerade nicht behaupten, aber dieses Ungetüm von Wanst da möchte ich in Zukunft nicht mehr sehen, wenn du Wert drauf legst, dir meine väterliche Zuneigung zu erhalten.»

Dabei drückte er die Brust raus, zog den Bauch ein und fuhr mit der Hand in den Hosenbund, um sich an der Tatsache zu erbauen, daß da noch immer eine Wenigkeit Raum zum Ausfüllen blieb. Aber gesagt werden muß es schon: Seit jenen Tagen, in denen Großvater ihn einen Phthisiker genannt hatte, war Vater unleugbar aus dem Heringsformat herausgewachsen. Zum Glück hatte sich auch Mutters Vorstellung von «Schickheit» gewandelt. Jedenfalls fand sie Vater schöner denn je.

Doch kehren wir zurück zum Zeichnen. Mutter hatte also wieder mal die Lage gerettet. Sie hatte übrigens nie etwas an unseren Skizzen auszusetzen, denn sie gefielen ihr alle, ohne Unterschied. Nur manchmal wunderte sie sich, daß sie so verschieden aussahen, auch wenn wir alle das gleiche aufs Korn genommen hatten.

«Soll das wirklich dasselbe sein?» fragte sie dann ein wenig verwirrt, um sofort rasch besänftigend fortzufahren, weil sie keinen kränken wollte: «Ich meine nur, weil es so anders aussieht, aber ihr habt's ja auch nicht alle von derselben Stelle gesehen. Natürlich, das ist es. Ein Mensch sieht ja auch selten von hinten genau so wie von vorne aus – obwohl es vorkommt.»

Vater wäre nie auf die Idee gekommen, Mutter boshafter Anwandlungen zu verdächtigen, aber seit der Geschichte mit Bixis Zeichnung kam es doch vor, daß er bei einer solchen Bemerkung schmerzlich berührt zusammenzuckte.

Einmal allerdings trug eine von Bixis Zeichnungen dazu bei, Mutters Stimmung für ein paar Stunden ernstlich zu verdüstern. Das war, als wir mit Vater in den Sommerferien schon nach Neckarsteinach vorausgefahren waren und Mutter noch ein paar Tage zu Hause blieb, um den großen Hausputz zu beaufsichtigen. Vater wohnte mit uns in der «Harfe», einem behaglichen alten Gasthaus mit dicken Mauern, verwinkelten Gängen, hölzernen Galerien und großen, schattig-kühlen Zimmern, und bis auf die Mahlzeiten trieben wir uns den ganzen Tag in Badehosen am Neckar herum, schwammen, soweit wir schon schwimmen konnten, spielten aufregende Spiele, und Vater lag, wenn er nicht auch gerade schwamm, auf einer Decke im Schatten und paßte auf, daß wir keinen Unfug trieben.

Im allgemeinen ging Vater Reisebekanntschaften aus dem Wege, aber irgendwie gelang es ihm diesmal nicht, den drei Fräulein Paulus aus Bremen entschieden genug die kalte Schulter zu zeigen. Sie saßen im Speisesaal des Gasthofs am Nebentisch, und die scheinbar mutterlose Kinderschar rund um den stattlichen, distinguiert aussehenden Herrn hatte wohl zuerst das heimliche Mitgefühl der Damen erregt. Zwei von ihnen waren schon älteren Jahrgangs, aber die jüngste Schwester, Adelheid genannt, war so um die mittleren Dreißig herum und gerade in dem Alter, in dem man sich langsam mit dem Gedanken vertraut macht, notfalls auch fünf «liebe Kleine» in Kauf zu nehmen, wenn man nur noch in den Hafen der Ehe einlaufen kann.

Wir konnten uns das damals natürlich nicht so zusammenreimen, aber es fiel uns jedenfalls auf, daß die Damen Paulus häufig zierlich promenierend auftauchten, wo wir schwammen und Vater sich mit einem Buch oder einer Zeitung auf seine Decke zurückgezogen hatte. Vater sah dann beharrlich nach der anderen Seite, aber unwillkürlich machte er doch Anstalten, seinen Bauch in dem prall sitzenden, zebragestreiften Badeanzug um ein weniges einzuziehen oder sich sonstwie repräsentablere Haltung zu geben. Auch die Besten sind eben gegen eitle Anwandlungen nicht ganz gefeit.

Am dritten oder vierten Vormittag nun waren wir am damals noch nicht durch Schleusen gebändigten Neckar bis zu einer Stelle hinaufgegangen, wo eine kleine, wiesenumrandete Bucht mit stillem, flachem, libellenüberflitztem, sonnenlauem Gewässer auch den Kleineren unter uns, die noch nicht schwimmen konnten, Gelegenheit zum Plätschern bot. Dichtes, schattenspendendes Weidengestrüpp wucherte nah am Ufer – gerade das richtige für Vaters Siesta. Und für Dreas und Friedrich, deren Schwimmkünste schon sehr fortgeschritten waren, hatte der Platz außer der ausgedienten Fähre, die dort vertäut lag, noch eine besondere Attraktion. Bis zu einer bestimmten Grenze nämlich blieb das Gewässer der Bucht von der starken Strömung des hier eine weite Biegung beschreibenden Flusses unbehelligt. Tat man aber einen Schritt über diese Grenze hinaus, wurde man unweigerlich von der Strömung mitgerissen, in einer langen Diagonale über den Fluß gewirbelt und weiter unten am jenseitigen Ufer an Land gespült. Dann hatte man bis zur Fähre zu gehen, überzusetzen und am diesseitigen Ufer wieder heraufzulaufen.

Zwar hatte es Vater den beiden verboten, aber nachdem sie eine Weile ziemlich lustlos mit uns gespielt hatten und überdies sahen, daß

Vater beim Lesen schon die Augen zufielen, drängte es sie zu kühneren Taten. So unauffällig wie möglich pirschten sie sich an die bewußte Grenze heran, und plötzlich sahen wir ihre Köpfe pfeilschnell in der Strömung flußabwärts schießen. Unser Geschrei schreckte Vater aus friedlichem Dösen und brachte ihn überraschend fix auf die Beine. Mit einem Blick stellte er erleichtert fest, daß die «Kleinen» vollzählig zur Stelle waren, und mit dem nächsten hatte er schon die Ausreißer in der Mitte des Flusses entdeckt. Er fand beruhigt, daß ihre Lage sein Eingreifen überflüssig machte. Zwei Minuten später krabbelten sie auch schon unbeschädigt drüben an Land, trabten aber nicht flußabwärts zur Fähre, sondern flußaufwärts, bis sie uns ziemlich gegenüber waren. Dort blieben sie stehen, brüllten irgend etwas herüber, und als sie merkten, daß es aussichtslos war, gegen den Lärm der Strömung anzuschreien, fingen sie an, Vater durch Zeichensprache verständlich zu machen, daß er ein großes Erlebnis versäume und überhaupt in ihrer Achtung gewaltig sänke, wenn er es ihnen nicht unverzüglich nachtäte.

Vater hatte gar keine Lust, sein Ruheplätzchen im Schatten aufzugeben, zumal er dem Fluß an dieser Stelle mißtraute: es war nicht zu übersehen, was sich unter seiner schäumenden Oberfläche alles verbarg. Also winkte er ab, wandte sich um – und sah sich plötzlich den Lorgnetten der Paulus-Damen gegenüber.

Sie hatten auf der anderen Seite der Bucht ein Plaid ins Gras gebreitet, auf dem sie in einer kleinen Reihe steif, schmal und irgendwie vergilbt nebeneinander thronten, in hochgeschlossenen, dezent geblümten Sommerkleidern und von drei zierlichen Sonnenschirmchen mit Spitzenbehang zart überschwebt, die unwillkürlich die Vorstellung von überlebensgroßen Margeriten heraufbeschworen.

Vater hatte schon mancherlei Gefahren getrotzt, aber angesichts der Lorgnetten verspürte er jählings das genierliche Gefühl, in seinem Badeanzug trotz der fast bis zu den Knien reichenden Hosenbeine für diese Gelegenheit viel zu nackt zu sein, und der Weg zu seiner Decke schien ihm plötzlich sehr weit. Also wandte er sich nach einer eben den Anforderungen der Höflichkeit genügenden knappen Verbeugung, die drüben ein leises Nicken der Margeriten hervorrief, ein zweites Mal um und stieg schaudernd ins Wasser.

«Könnte ja sein, daß die Jungs auf die blödsinnige Idee kämen, ich traute mich nicht», brummte er Bixi zu. «Lächerlich. Ich bin schon über ganz andere Bäche geschwommen.» Dem Ton nach, in dem er das sagte, mußte er zumindest die Niagara-Fälle meinen. «Aber du bleibst hier», fuhr er fort, «und paßt auf das kleine Gemüse auf, bis ich wiederkomme.»

Wenn ihm klar gewesen wäre, was ihm bevorstand, hätte er wahrscheinlich doch lieber den Lorgnetten standgehalten, aber wer konnte auch wissen, daß das, was Dreas und Friedrich ohne Mühe hinter sich gebracht hatten, ihm Schwierigkeiten bereiten würde. Es lag am Tiefgang, an Vaters Tiefgang natürlich – und an den Sandbänken, die sich zwischen den Fahrrinnen heimtückisch und ungesehen bis dicht unter die Oberfläche hoben. Über die gute Hälfte der ersten schleifte die Strömung Vater hinweg, und als sein Bauch Schwierigkeiten machte und im Geröll der Sandbank Widerstand fand, rollte sie ihn kurzerhand zur nächsten Fahrrinne hinüber. Vater fühlte sich am ganzen Körper aufgeschubbert, seine Schienbeine schmerzten vom Zusammenstoß mit größeren Brocken, aber er hatte es immerhin geschafft – so glaubte er wenigstens.

Was nun folgte, sah von unserer Uferstelle sehr heiter aus. Einen Augenblick hatten wir von Vater nur den Kopf in der Strömung dahinflitzen sehen, aber schon im nächsten schien er rücklings in wildem Hoppelgalopp auf den sprudelnden Wellen zu reiten, den Bruchteil einer Sekunde mitten im Fluß strampelnd-grotesk auf dem Kopf zu stehen, dann überschlug er sich plötzlich, verschwand wieder jäh, und als wir ihn von neuem entdeckten, hielt er mit beiden Armen einen gischtumsprühten, aufrecht stehenden Felsblock umklammert.

Nun hatte Vater endgültig die Nase voll und begann, sich vorsichtig von Fels zu Fels wieder unserem Ufer zuzuschieben. Als er seichteres Wasser erreicht hatte, richtete er sich mühsam auf und entdeckte dabei, daß die Vorderfront seines Badeanzugs von oben bis unten aufgeschlitzt war. Die Haut, die darunter zum Vorschein kam, war krebsrot und sah aus, als habe sie jemand mit einem stählernen Topfabreiber geschunden. Immerhin, Ernstliches war nicht passiert, und Vater stand nur dem Problem gegenüber, wie er im Blickfeld der Paulus-Damen an Land kommen sollte, ohne ihr Schamgefühl zu verletzen. Ohne Lorgnetten wäre es notfalls noch gegangen, aber bei scharfer Beobachtung hielt auch die geschickteste Raffung nicht stand. Die einzige Möglichkeit war, sich so nah in Deckung heranzupirschen, bis er Bixi unauffällig dazu veranlassen konnte, ihm ein Handtuch zuzuwerfen.

Vater arbeitete sich also im seichten Wasser ächzend an die Mündung der Bucht heran, zuerst gebückt, dann so flach auf dem Bauch wie nur möglich von einem Geröllblock zum anderen kriechend, um möglichst lange unbeobachtet zu bleiben. Zu seinem Unglück mißverstanden wir diese Art der Annäherung völlig. Wir glaubten, er wolle Indianer mit uns spielen, und beantworteten sein Grimassenschneiden und Händefuchteln mit begeisterten Spritzkanonaden und ohrenbetäubendem Kriegsgeschrei, in dem sein Flehen und seine Drohungen unter-

gingen. Das alles natürlich vor den sechsfach blitzenden Gläsern der Lorgnetten, die sich unter den Margeriten-Schirmchen längst wieder auf uns gerichtet hatten.

Schließlich sah Vater verbittert ein, daß er auf diese Weise nicht weiterkam, stand auf und marschierte, den Badeanzug vorne zusammenhaltend, todesmutig aufs Ufer zu. Und dabei enthüllte sich seine Hinterfront, und wir sahen die Bescherung: auch hinten hatte das Trikot der Begegnung mit der Sandbank nicht standgehalten, und was eigentlich hätte schamhaft verhüllt sein sollen, zeigte sich in stattlich-zwiefacher Rundung allen Blicken. Und bei alledem paradierte Vater mit geradeaus gerichtetem Blick und eingezogenem Bauch ahnungslos weiter.

Die Damen Paulus schienen ihren Augen anfangs nicht trauen zu wollen. Als Vater sich aber zu allem noch bückte, stießen die beiden älteren gleichzeitig einen schrillen Schreckensruf aus, klappten in panischer Hast ihre Schirme zusammen, zerrten die jüngste mit sich hoch, rafften das Plaid auf und bewegten sich eiligst und in einer Haltung schwer gekränkter Würde davon. Vorher sah die älteste noch einmal zu Vater zurück und rief laut und vernehmlich: «Pfui!»

Auch die jüngste sah sich um, aber sie sagte nichts, und wenn ich den Ausdruck ihrer Augen beschreiben sollte, müßte ich ihn weidwund nennen.

Vater verstand von alledem nichts. Bei dem Schreckensschrei war er herumgefahren, nun sah er kopfschüttelnd den dreien nach und fragte Bixi: «Was ist denn mit denen los?»

«Die haben dich von hinten gesehen», sagte Bixi kichernd.

«Na und?» fragte er gekränkt. «Mich haben schon 'ne Menge Leute von hinten gesehen, ohne daß sie ‹Pfui!› hinter mir her geschrien hätten.»

Bixi hüpfte auf einem Bein vor Vergnügen. «Faß doch mal hin», giggerte sie.

Vater sah sie verständnislos an, fuhr dann aber doch mit der Hand langsam nach hinten, und plötzlich wurden seine Augen rund. «Donnerwetter!» murmelte er. «Donnerwetter! wenn's nicht unfein wäre, könnte man geradezu ‹Au Backe!› sagen.»

Er sah uns drei der Reihe nach an, und dann platzten wir alle los, während die Damen Paulus gerade in entrüstetem Eilmarsch hinter der Hecke an der Landstraße verschwanden.

«Na», sagte Vater und wischte sich die Lachtränen aus den Augen, «die haben wir für alle Zeit in die Flucht geschlagen. Das hätte mir schon früher einfallen sollen.»

Am Abend und am nächsten Vormittag gingen uns die Damen geflissentlich aus dem Wege, gerüchtweise verlautete sogar, daß sie an Abreise dächten, und die Szene an der kleinen Bucht wäre über vielem Neuen wohl in Vergessenheit geraten, wenn sie Bixi nicht zur Verewigung in ihrem Skizzenbuch gereizt hätte. Es war eine der hübschesten Zeichnungen, die sie jemals verfertigt hatte. In der Mitte war in seinem geringelten Badetrikot Vater halb von hinten zu sehen, wie er gerade wie ein Pfau vor den Paulus-Damen vorbeistolzierte, und die Damen

starrten seine umfangreiche Kehrseite mit schreckgeweiteten Augen an und sahen aus, als wollten sie schnurstracks in Ohnmacht sinken. Und diese Zeichnung nun bekam Mutter am Nachmittag ihrer Ankunft in die Hände.

Wir badeten wieder in der Bucht, das heißt nur wir Kinder. Vater hatte sich gar nicht ausgepellt, weil er wohl Mutter nicht gleich mit seinen Schrammen vor Augen kommen und dadurch Fragen auslösen wollte. Und Mutter badete nicht gern im Freien. Sie fand, in der Badewanne sei das Wasser nicht ganz so naß und bei so einem Fluß wisse man überdies nie, was möglicherweise drin herumschwimme. Außerdem war es in ihren Mädchenjahren nicht üblich gewesen, außerhalb einer Damenbadeanstalt ins Wasser zu steigen, und dann hatte man dabei mehr Zeug auf dem Leibe gehabt als heutzutage in vollbekleidetem Zustand. Mutter hatte nichts gegen Fortschritt einzuwenden, sofern er sich auf nützliche Dinge bezog, aber in diesem Punkte war sie befremdlich konservativ.

Sie saßen also da und sahen uns zu, und dabei geriet Mutter Bixis Skizzenbuch in die Finger. «Habt ihr viel gezeichnet?» fragte sie, nachdem Gesprächsstoff Nummer eins – der Hausputz – erschöpft war.

«Nicht so sehr viel», sagte Vater ahnungslos. «Wir waren meistens hier unten. Auf die Burgen, wo's was zum Zeichnen gibt, wollten wir erst mit dir gehen.»

«Bixi scheint trotzdem fleißig gewesen zu sein», murmelte Mutter. «Das hier kenne ich nicht, und das . . .»

Ominöse Stille breitete sich aus.

«. . . was ist denn das?» fragte Mutter und dehnte die Wörter auf eine unheilverkündende Weise.

Vater sah auf. «Ach, nichts», erwiderte er so gleichgültig wie nur möglich. «Du kennst ja Bixi. Sie hat's fürchterlich übertrieben.»

«Übertrieben hin, übertrieben her», sagte Mutter, «es muß ja was zum Übertreiben passiert sein.»

«Ist es auch», sagte Vater, nun doch eine Kleinigkeit betreten, und dann beichtete er ihr seine Rutschpartie über die Sandbank.

«Und dann hast du dich so . . .» Mutters entgeisterter Finger tippte auf seine rundlich-nackte Kehrseite auf der Zeichnung, «. . . vor allen Leuten sehen lassen?!»

«Gar nicht vor allen Leuten», sagte Vater ärgerlich, «bloß vor den drei Tanten, für die das bei ihrem Alter unmöglich was Neues gewesen sein kann. Auf jedem Babyfoto ist schließlich mehr zu sehen. Außerdem hab ich gar nichts davon gewußt.»

In ihre Auseinandersetzung verbiestert, hatten sie Bixis Nahen nicht bemerkt. «So alt sind sie aber nicht», kicherte sie jetzt. «Wenigstens nicht Fräulein Adelheid.»

Vater durchbohrte sie mit einem grimmigen Blick. «Halt deinen Rand», grollte er, «und scher dich zu den andern.»

Er sah ihr nach, wie sie sich überstürzt ins Wasser zurückzog, und wußte, ohne hinzusehen, genau, was Mutter für ein Gesicht machte. Ihre Augen waren starr auf einen imaginären Punkt irgendwo in der Ferne gerichtet, um die Nase herum war sie ein wenig blaß, und die Lippen hatte sie entschieden zusammengepreßt. Und sie sagte nichts, rein gar nichts, während Vater so tat, als sei alles in bester Ordnung, und sich nur hin und wieder räusperte, als sei ihm etwas störend in die Kehle geraten.

«Was ist also mit diesem sogenannten Fräulein Adelheid?» fragte Mutter plötzlich spitz, noch immer den Blick weit in der Ferne.

«Nichts», sagte Vater ergeben, «noch weniger als nichts. Aber bevor wir in diesem Kreuzverhör fortfahren, schlage ich eine kleine Ortsveränderung vor.»

Vater und Mutter waren selten miteinander uneins, aber wenn es einmal geschah, war es ihr Prinzip, sich niemals in Hörweite von uns zu streiten. So spazierten sie also ein Stück am Ufer entlang und dann einen kleinen Hügel hinauf, und während des Weges klärte Vater Mutter über die Damen Paulus auf. «Näher als bis zum Grüßen bin ich ihnen nie gekommen, und selbst wenn ich's genau gewußt hätte, warum sie sich immer in unserer Nähe rumtrieben, hätte ich ihnen schlecht sagen können: ‹Geben Sie sich keine Mühe, meine Damen, ich bin schon vergeben.›»

«Natürlich nicht», sagte Mutter mit einer unverkennbaren Spur von Hohn in der Stimme, «das konntest du nicht, aber du konntest schamlos vor ihnen herumstolzieren und dich wie ein Pfau vor ihnen spreizen. Noch dazu in deinen Jahren.»

Das war zuviel. «Donnerwetter!» fing Vater an, aber dann blieb sein Blick an irgend etwas hinter Mutters Rücken hängen, sein Mund klappte zu, und im nächsten Augenblick war er an ihr vorbei und den Hügel hinunter. Als Mutter sich verdutzt umdrehte, sah sie ihn im Vordergrund mit fliegenden Rockschößen über die Wiese rennen, und im Hintergrund – aber dazu muß ich eine Kleinigkeit ausholen.

Als sich Vater und Mutter aus pädagogischen Gründen zurückgezogen hatten, waren Dreas und Friedrich gerade damit beschäftigt gewesen, unauffällig die Haltbarkeit der Vertäuung zu prüfen, die die alte Fähre am Ufer festhielt. Die alte Fähre war die Vorgängerin der jetzigen, und da sich seit ihrer Pensionierung nie mehr jemand um sie gekümmert hatte, war ihr Boden verrottet, unter den querliegenden rissigen Bohlen des Decks schwappte schwärzliches Wasser, und die

Bank an der Seite war verfault und zusammengebrochen. Aber sie schwamm, schwankte leise auf den Wellen, die unser Getobe im friedlichen Wasser der Bucht erzeugte, und sah so aus, als sei sie durchaus in der Lage, noch manchen wackeren Sturm zu bestehen. Alles in allem: sie war in Dreas' und Friedrichs Augen der beste schwimmende Untersatz für die Nichtschwimmer der Familie, die doch auch an der herrlichen Aufregung einer Flußüberquerung teilnehmen wollten. Und wahrhaftig – auch die Vertäuung ließ sich kinderleicht lösen.

Wir auf dem Floß, Dreas vorn, hinten Friedrich und Bixi, das Ding anschiebend – das war das Bild, das Mutter also im Hintergrund sah. Und als nächstes sah sie entsetzt, wie die Strömung die Fähre mit ihrer Bemannung ergriff, einmal schwerfällig um sich selbst drehte und darauf mit wachsender Geschwindigkeit in den Fluß hinauszog.

Im selben Augenblick wechselte Vater seine Richtung und rannte, Mutter zwischendurch unverständliche Zeichen zuwinkend, der Straße zu. Was nun folgte, forderte eigentlich den in der Schilderung heroischer Zweikämpfe erfahrenen Griffel eines Homer, denn während wir auf unserem sich bäumenden und in allen Fugen gräßlich ächzenden Vehikel ein wildes Hindernisrennen über die Untiefen des Neckars ritten, schwang sich Vater auf ein Fahrrad, das er an einem Gartenzaun lehnend fand, und nahm auf der Landstraße den Wettkampf mit den Naturmächten auf, die sich seines Nachwuchses bemächtigt hatten. Ob er sich gleich etwas dabei dachte, oder ob es zuerst einfach eine Reflexhandlung war, weiß ich nicht. Später sagte er bloß grimmig: «Ach, ich wollte nur dabeisein, wenn euer Floß an irgendeinem Felsen zerschellt wäre. Vielleicht hätte ich den einen oder anderen von euch noch am Schopf rausziehen und erst mal für seine Dummheit tüchtig vertobaken können, bevor ich ihn wieder reingeschmissen hätte.»

Friedrich war es, der als erster Vater vom Floß aus drüben unter den Apfelbäumen staubaufwirbelnd dahinflitzen sah, und obwohl wir alle platt auf dem Bauch lagen und uns krampfhaft an den Deckbohlen festhielten, sahen wir auch hin und fühlten uns seltsam erleichtert, ihn in unserer Nähe zu wissen. Solange er da drüben war, konnte uns nichts passieren. Eher schon hinterher – wenn er die Distanz zwischen sich und uns völlig beseitigt haben würde.

Zuerst gewann Vater gewaltig gegen uns an Boden, aber während der Fahrt durch den Ort, bei der er hinter den Häuschen unseren Blikken entzogen war, mußte er auf Hindernisse gestoßen sein, denn als wir ihn unten am Kai bei der «diensthabenden» Fähre wieder auf seinem Veloziped herausschießen sahen, war es für ein möglicherweise beabsichtigtes Sperrmanöver bereits zu spät. Er winkte uns nur zu, das heißt, es konnte ebensogut auch ein unheilverkündendes Drohen gewesen sein.

«Haste gesehen?» fragte Dreas mit leicht belegter Stimme. «Er scheint ziemlich fuchtig auf uns zu sein.»

Friedrich rieb sich die Nase, die ein jäher Stoß unseres Floßes in schmerzliche Berührung mit dem Deck gebracht hatte, und murmelte mißbilligend: «Könnte wahrhaftig auch mehr Spaß verstehen.»

«Wo wir ja gar nicht wissen konnten», spann Dreas unbehaglich den Gesprächsfaden weiter, «daß das Drecksding—» er meinte die Fähre,— «nicht ans andere Ufer kommen würde.»

Und während er Vaters über die Lenkstange gebeugte, emsig kurbelnde Gestalt auf der Uferstraße mit nachdenklichem Blick verfolgte, fügte er achtungsvoll hinzu: «Aber trampeln kann er, der alte Knakker.»

Zum Glück brauchte Vater nicht mehr lange zu «trampeln». In der nächsten Biegung geriet unser schwerfälliges Gefährt an den Rand der Strömung, kreiselte ein paarmal um sich selbst, rumpelte an einen Felsen und trieb langsam in flacheres Wasser ab, wo Dreas und Friedrich Fuß fassen und es näher zum Ufer hin stoßen konnten. Vater sah es, als er oben auf der Straße eben den Landauer überholte, der die abreisenden Damen Paulus nach Heidelberg brachte. Als Fräulein Adelheid Vater entdeckte, schoß sie mit einem beglückten «Oh!» von ihrem Platz zwischen den älteren Schwestern auf, offenbar in der Annahme, er habe sich reuevollen Sinnes an ihre Verfolgung gemacht, um ihr noch in letzter Minute Herz, Hand und fünf Kinder anzutragen. Aber Vater bemerkte sie nicht einmal, so sehr war er durch unsere Rettung in Anspruch genommen. Keuchend und schwitzend sprang er in großen Sätzen den Abhang hinunter, entschlossen, uns allesamt erst einmal kräftig zu verprügeln und danach glückstrahlend in die Arme zu pressen. Doch die Umstände wollten es anders. Von seinem Eigengewicht allzu stürmich abwärts gezogen, gelang es ihm nicht mehr, am Ufer zu bremsen, und statt er uns, mußten wir ihn aus dem Neckar bergen.

«Da haben wir's», sagte Bixi tadelnd. «Wären wir nicht zum Glück hier gewesen, hättest du womöglich ertrinken müssen.»

Vater spuckte einen halben Liter Wasser aus und nickte geschlagen. Dann spähte er über die Schulter zur Straße hinauf, um festzustellen, ob sein Rad noch dort war, wo er es hingefeuert hatte, und dabei sah er, wie Fräulein Adelheid, von den Schwestern gezogen, elegisch auf ihren Platz im wieder anrollenden Wagen sank, nun wohl endgültig überzeugt, ihre Neigung an einen Unwürdigen verschwendet zu haben.

«Du lieber Gott», sagte Vater, und seine Hand fuhr unwillkürlich nach hinten, «das waren doch die Damen Paulus. Na, diesmal ist bei mir jedenfalls alles in Ordnung gewesen.»

Abends saßen Vater und Mutter noch bei einer Flasche Wein unter den alten Kastanien im Garten. Unten rauschte leise der Neckar vorbei, der Mond warf eine gleißende Silberbrücke über das dunkel schimmernde Wasser, und am anderen Ufer schnitt der stumpfe Kegel des Dilsbergs schwarz in den sternenglitzernden Himmel.

«Na, wieder gut?» fragte Vater und rückte näher an Mutter heran.

Mutter nickte und legte ihren Kopf sanft an seine Schulter. «Ist nie anders als gut gewesen», sagte sie.

«Na, na», brummte er, «vor Tisch las man's anders.» Und dann sah er verdrießlich zu dem Papierlampion auf, der schräg über ihnen sein rötliches Licht verrieselte. «Dämliches Ding. Meinst du, daß wir ihn auspusten können?»

Ohne ihre Ermunterung abzuwarten, stand er auf und pustete ihn aus.

«Weißt du», sagte er nach einer Weile, in der von beiden nichts zu hören gewesen war, «ich küß nicht gern jemand, wenn ich dazu extra Rampenlicht kriege.»

«Jemand?» fragte Mutter. «Wieviel Jemands gibt's außer mir?»

Vater schmunzelte ins Dunkel. «Fang nicht schon wieder an», sagte er. «Schließlich haben wir ja nur wegen deiner Eifersucht die Brut in der Bucht aus den Augen gelassen, so daß wer weiß was hätte passieren können. Oder bist du etwa nicht eifersüchtig gewesen?»

Er konnte Mutters Gesicht nicht sehen, aber er spürte, daß sie lächelte. «Bei deinem Alter?» murmelte sie. «Nicht die Bohne.»

«Na», sagte er und tat gekränkt, «Fräulein Adelheid jedenfalls hat meinen Jahrgang noch recht passabel gefunden.»

Mutter dachte an die Rückfront seines Badetrikots und kicherte: «Du hast dich ihr ja auch von keiner schlechten Seite gezeigt.»

Vater lachte auch, und dann tastete er nach der Flasche und verteilte den Rest in beide Gläser. Schweigend saßen sie nebeneinander und genossen die laue Stille der Nacht und das Glück, daß sie beieinander waren. Und nach einer Weile sagte Mutter mit schläfriger Stimme: «Weißt du, ich hab gar nicht gewußt, daß du so großartig radeln kannst.»

«Ich auch nicht», erwiderte Vater gedankenlos, aber in der nächsten Sekunde richtete er sich hellwach auf und starrte verdutzt auf den ovalen, matthellen Fleck, der Mutters Gesicht war.

«Wahrhaftig», stotterte er, «du wirst's nicht glauben, aber ich hab in meinem ganzen Leben noch niemals auf so 'nem Ding draufgesessen.»

Und dann übermannte ihn das dem Reiter vom Bodensee zugeschriebene Gefühl nachträglichen Grauens. «Stell dir vor», ächzte er, «was dabei erst hätte passieren können!!!»

FÜNFTES KAPITEL

Die liebe Verwandtschaft

Nicht nur für Reisebekanntschaften hatte Vater wenig übrig – für Verwandte im allgemeinen auch nicht. Solange sie weit weg wohnten und hübsch bei sich zu Hause blieben, mochte er sie ganz gern und ließ sich gelegentlich sogar dazu herbei, unter eine von Mutters zahllosen Postkarten oder einen von ihren Briefen, in denen in winziger, säuberlich gestochener Schrift die Chronik unseres Familienlebens mit einmaliger liebevoller Gründlichkeit verzeichnet stand, seinen ziemlich unleserlichen, dafür aber recht majestätischen Namenszug zu quetschen. Wenn er besonders gut auf den Betreffenden zu sprechen war, das heißt, wenn der Betreffende uns besonders lange nicht heimgesucht hatte, sogar «mit besten Grüßen». Er fand eben, daß ihn ihre Besuche, so wohlgemeint sie auch sein mochten, in seinem häuslichen Dasein störten. Die Familie und seine Arbeit – Mutter sagte: mich, die Kinder und seine Arbeit –, das war alles, was er brauchte, und für ungebetene Eindringlinge hatte er keine Verwendung. Mutter ging es im übrigen genauso, nur hatte sie mehr Geschick darin, notfalls gute Miene zum bösen Spiel zu machen.

Natürlich gab es ein paar Ausnahmen, und die rühmlichste von allen war Mutters Bruder, Onkel Leopold. Er war lang und dünn wie eine Bohnenstange, hatte abstehende Ohren, und hinter den ovalen Gläsern des Kneifers, der ewig schief auf seiner gleichfalls langen, dünnen und ein wenig melancholischen Nase schwebte, glitzerten die lustigsten Augen der Welt. Er residierte als Arzt – Mädchen für alles nannte er's – auf einem Dorf in der Nähe von Großvaters Fabrik, obwohl er jedem städtischen Krankenhaus zur Zierde gereicht hätte, nur weil es ihm Spaß machte, ein Bauerndoktor zu sein und nebenbei auch mal ein Kälbchen ans Licht der Welt zu befördern. Wenn wir in den Sommerferien mit Sack und Pack bei Großvater einliefen, kam er alle naselang in seinem Einspänner und später auf einem fürchterlich knatternden und stinkenden Motorrad herüber. Bei solchen Gelegenheiten brachte er Dreas und Friedrich und später auch den anderen das Schwimmen bei. Zum Glück in Vaters und Mutters Abwesenheit, denn wären sie Augenzeugen gewesen, hätte er seine ärztliche Kunst vermutlich gleich auf einen doppelten Schlaganfall anwenden müssen.

Onkel Leopolds Lehrmethoden mußten für den Zuschauer auch wirklich einigermaßen nervenaufreibend sein. Er warf uns nämlich kurzerhand in ein acht Meter tiefes Bassin am Gradierwerk, und wenn wir halbwegs unten angelangt waren, sprang er hinterher und zog uns wieder heraus. So lange, bis wir aus lauter Selbsterhaltungstrieb anfingen, die uns auf dem Trockenen eingetrichterten Schwimmbewegungen zu machen. Und so unerschütterlich war unser Vertrauen zu ihm, daß wir es ohne Zittern geschehen ließen, ohne Murren in die düstere und reichlich kalte Tiefe versanken, während über uns das Tageslicht wie hinter flüssigem Glas grüngolden zurückblieb, bis endlich Onkel Leopolds rote Badehose lautlos heranglitt.

Manchmal las Vater ihm solcher Geschichten wegen doch die Leviten, zum Beispiel, als er ihn dabei ertappte, wie er Bixi am steifen Arm vier Stock hoch aus dem Bodenfenster hielt, angeblich um ihr das Fliegen beizubringen. Bixi kniff zuerst ängstlich die Augen zu, dann wagte sie es allmählich, in die Tiefe zu blicken, bewegte flatternd die Ärmchen, als seien es Flügel, und zeterte aufgeregt: «Aber erst loslassen, wenn ich's sage. Ich glaub nämlich, ich kann's noch nicht ganz.»

Mittlerweile begannen Onkel Leopold die Armmuskeln weh zu tun, aber als er Bixi hereinhissen wollte, sträubte sie sich – von ihrem Standpunkt aus mit Recht, denn sie war ja noch nicht zum versprochenen Fliegen gekommen –, und er hatte alle Hände voll zu tun, sie durch die breite Luke zu bugsieren. Das nun hatte Vater zufällig von unten erspäht, und es hatte ihn zu einem Spurt die vier Treppen hinauf veranlaßt, der wahrscheinlich mit Längen zu einem Weltrekord ausgereicht hätte, wenn es Weltrekorde im Treppenraufstürzen gäbe. Vater war damals noch eine Kleinigkeit schlanker als später, aber er brauchte trotzdem oben noch runde fünf Minuten, bevor er wieder genug Atem beisammen hatte, um seinem Mißfallen Ausdruck verleihen zu können. Und während der ganzen Zeit hörte er Bixi jammern, daß Onkel Leopold sie nicht habe fliegen lassen, obwohl sie nur noch ein ganz klein bißchen hätte zu üben brauchen.

Schließlich wurde es Vater zu bunt. «Halt die Klappe!» keuchte er ärgerlich. «Kein Mensch kann auf die Weise fliegen. Das heißt», fügte er mit einem drohenden Blick zu Onkel Leopold gedämpft hinzu, der sich mit bekümmerter Miene die schmerzenden Armmuskeln massierte und Vaters kränkenden Tonfall zu überhören bestrebt war, «einem gewissen Herrn, den ich jetzt nicht näher nennen will, werde ich höchstpersönlich zu einer Probe aufs Exempel verhelfen, wenn ich ihn noch einmal bei so was erwische, und danach wird der andere Tierarzt am Ort wohl kaum noch eine Möglichkeit haben, sein Gerippe wieder zusammenzuflicken.»

Es war die blutrünstigste Äußerung, die Vater jemals tat, und daran war zu ermessen, wie sehr ihn der Anblick eines seiner Sprößlinge fünfundzwanzig Meter hoch über dem Fabrikhofpflaster in die Glieder gefahren sein mußte.

Im Kinderzimmer trugen dagegen solche Heldentaten zu Onkel Leopolds Popularität nur noch ein Erkleckliches bei. Er wurde einstimmig zum Vorsitzenden des «Männersaals» ernannt, wie das Kinderzimmer hieß, nachdem Bixi es aus Wachstumsgründen hatte räumen und in eine Kammer neben der Küche hatte umsiedeln müssen, und wenn er bei uns über Nacht blieb, schlief er in einem von unseren Betten – der rechtmäßige Inhaber wurde mit einem kleineren zusammengepfercht, was er sich in diesem Fall widerspruchslos gefallen ließ – und hielt uns die halbe Nacht mit seinen schaurigen Piraten- und Indianergeschichten wach.

Dazu zündeten wir eine aus Großmutters Wirtschaftsspind entführte Kerze an, die das Lagerfeuer zu vertreten hatte, und wenn ihr zitternder Schein sein mageres Gesicht mit der langen Nase und dem gesträubten Haar gespenstig aus der Dunkelheit hob, sah er wirklich fast wie ein Seeräuber aus. Nur der Zwicker störte ein bißchen.

Einer von der unerfreulicheren Sorte war Onkel August. Er hatte in dem Dorf, aus dem Vater stammte, ein größeres Anwesen und einen Kramladen, und er war so knickrig, daß er vergaß, seine Briefe zu frankieren, wenn er einmal schrieb, und meistens schrieb er überhaupt nicht.

Wir lernten ihn richtig erst kennen, als Vater mit uns von Mannheim nach Berlin gezogen war. Es war mitten im Juli, ein mächtig heißer Tag, und die «Kleinen» spielten mit einem alten Tennisball vor der Haustür Fußball, als jemand auf einem windschiefen Fahrrad die Straße entlangkam. Der Jemand war für die Temperatur seltsam genug ausstaffiert: er trug einen altmodischen, steifen, schwarzen Hut, einen schwarzen Bratenrock, bis obenhin zugeknöpft, enge schwarze Röhrenhosen und schwarze Schnürstiefel, alles reichlich verstaubt, und über dem hohen Gummikragen saß ein ledriges, faltiges Gesicht mit einem weißstoppeligen Schnauzbart, buschigen Augenbrauen und flink huschenden Äuglein. Er hielt neben uns an, spähte nach der Hausnummer und fragte Thomas, der ihm am nächsten stand:

«Na, du bist wohl gar der Friederich?»

Peter war mit dem Ball gerade im stürmischen Anmarsch auf sein «Tor», und Thomas fand daher, daß er Wichtigeres zu tun habe, als alberne Fragen unbekannter Leute zu beantworten, aber schließlich sagte er doch:

«Nee, ich bin der Thomas.»

«So, so», sagte der Radler, «der Thomas biste. Na ja, ich hab euch ja auch 'ne ganze Weile nich gesehn.»

«Und wer sind Sie?» fragte Thomas, der nun doch neugierig wurde.

«Onkel August», sagte der Radler schlicht.

Thomas starrte ihn durch seine Nickelbrille an und bemerkte: «Na, da wird sich aber Vati freuen.»

Onkel August grinste wohlgefällig, zog eine klebrige Tüte mit Himbeerbonbons – die billigste Sorte, die er im Laden hatte – aus seiner Tasche und überreichte sie Thomas, der erfreut fortfuhr: «Als Tante Flora nämlich letzte Woche abreiste, hat Vati gesagt: ‹Die hätten wir weg. Jetzt fehlt bloß noch zu unserem Glück, daß August aufkreuzt.›»

Oben im Salon erfuhren wir dann mit Respekt, daß Onkel August die ganze Strecke von seinem Dorf bis Berlin in einem Sitz auf seinem musealen Fahrrad zurückgelegt hatte – und das mit gut zweiundsiebzig Jahren, bei brütender Hitze, mit Gummikragen und einem steifen schwarzen Hut auf dem Kopf.

«Weißte, es war so billiger», vertraute er Vater an. «Mit der Eisenbahn hätt ich womöglich die Irma, meine Frau, mitnehmen müssen.»

«Aber du hättst sie doch wirklich mitbringen können.» Vater dachte, er könne diese Bemerkung wagen, da mit Tante Irmas Auftauchen ja doch nicht mehr zu rechnen war.

Onkel August wehrte säuerlich ab. «Nee, nee», sagte er, «lieber nich. Zu Hause im Dorfe kommt se mir schon teuer genug. Hier müßt' ich ihr womöglich ooch mal 'ne Tasse Kaffe oder 'n kleines Glas Bier spendieren.»

Er begann, unbeschwert den Staub aus seinem schwarzen Sonntagsanzug zu klopfen, mit dem Erfolg, daß man minutenlang nicht die eigene Hand vor Augen sah. Als die Wolke sich endlich langsam senkte, wurde Mutter mit schreckgeweiteten Augen und grau überstäubtem Haar in der Tür sichtbar.

«Um Gottes willen», sagte sie, «ist hier irgendwas explodiert?»

«Explodiert? Nee», ließ sich Onkel August ungehalten vernehmen, «aber man wird sich wohl noch 'n bißchen abstauben dürfen.»

Onkel August hatte es überhaupt großartig raus, sich bei allen Leuten beliebt zu machen. Bei Fräulein Elsbeth, unserer Köchin, gelang es ihm gleich beim ersten Versuch, als er morgens um halb fünf in Hosenträgern in der Küche erschien, um zu frühstücken. Als sich niemand blikken ließ, klopfte er entrüstet an Fräulein Elsbeths Kammertür und machte ihr durch die Türfüllung klar, daß er es von zu Hause gewohnt sei, um diese Zeit aufzustehen, das Vieh zu füttern, die Kuh zu melken und vorher erst etwas Ordentliches zu essen. Fräulein Elsbeth, die lange Zeit in einem Pfarrhaushalt in Werneuchen in Stellung gewesen war und sich von dort solide Lebensgrundsätze mitgebracht hatte, war zuerst der von schrecklich-süßen Schauern begleiteten Meinung gewesen, daß es sich um ein frivoles Attentat auf ihre Sittlichkeit handle. Als sie sich über diesen Punkt schließlich seufzend beruhigt fand, erwiderte sie Onkel August unter ihrem Plumeau hervor, daß es hier weder Vieh zu füttern noch irgend jemand zu melken gäbe und daß er sich, statt anständige Menschen in ihrem sauer verdienten Morgenschlummer zu stören, gefälligst in sein Zimmer zurückziehen möge, bis die Herrschaften aufständen, was gegen halb acht der Fall zu sein pflege.

Bei dem lebhaften Wortwechsel und dem mit Onkel Augusts grollendem Rückzug verbundenen Lärm wurde natürlich auch Mutter munter, und sofort fiel ihr wieder ein, womit Onkel August am Abend zuvor ihren besonderen Ärger erregt hatte, nachdem Vater höchstpersönlich ein paar Straßenecken weit gestiefelt war, um dem Gast zur Kühlung ein echtes Export-Pilsener kredenzen zu können. Er hatte den Schnauzbart ins Glas getunkt, einen kräftigen Schluck genommen, sodann mißbilligend den Schaum vom Bart gewischt und bemerkt: «Na, Heinerich, das Bier is wohl ooch nich vom Besten.»

Sie seufzte tief auf und merkte dann, daß auch Vater wach war. Er lag auf dem Rücken und starrte stirnrunzelnd zur Decke hinauf. Die goldgeränderte Brille lag auf dem Nachttisch, und ohne sie kam er ihr merkwürdig rührend und hilflos vor. «Ich überlege gerade», knurrte er, «wo ich eine passende Kuh herkriege, damit sich der liebe Gast bei uns völlig wohl fühlt.»

«Paß nur auf, daß sie auch vom Besten ist», kicherte Mutter.

Und dann war, während ihre Augen sich in lächelndem Verstehen trafen, auf einmal der ganze Ärger um Onkel August vergessen.

«Gott sei Dank, daß du's so nimmst», murmelte Vater erleichtert. «Ich dachte schon, du würdest mir's ewig unter die Nase reiben, daß der Bursche zu meiner Familie gehört.»

Möglicherweise hatte sich Mutter auf dem Höhepunkt ihrer Verstimmung so was gedacht, aber laut werden ließ sie diesen Gedanken nie.

«Hoffentlich bringt er's nur nicht so weit, daß Elsbeth mir kündigt», bemerkte sie besorgt.

Vater fuhr auf.

«Na, das fehlte noch», sagte er. «Eher kündige ich ihm.»

Draußen zwitscherten die Vögel viel lauter als zu anderen Tageszeiten, ein früher Dampfzug der Stadtbahn lief drüben in den Bahnhof ein und fuhr zischend und pustend wieder an, und Mutter fielen die Augen zu. Als sie unmittelbar vorm Einschlafen war, hörte sie Vater gerade noch sagen:

«Auf 'ner ganz einsamen Südseeinsel müßte man leben, wo man mit'm Fahrrad nicht hinkommen kann.»

Zum Glück blieb Onkel August niemals sehr lange; seine Kuh und die Schweine zu Hause kamen ohne ihn wohl nicht voran, und unsere unnatürlichen Essenszeiten schlugen sich ihm gewöhnlich schnell auf den Magen. Dazu klatschte ihm Fräulein Elsbeth jedesmal unfreundlich auf die Finger, wenn er sie im dämmerigen Flur zwischen Küche und Eßzimmer gefühlvoll in das anheimelnd umfangreiche Hinterteil kniff. «In Ihrem Alter, Herr Penzberg», pflegte sie dazu verweisend zu sagen, «nee, ich muß schon staunen.» Und Onkel August gab enttäuscht klein bei, da die Eßzimmertür nahe war und er Mutters Aufmerksamkeit nicht unnötig auf seine kleinen Eskapaden lenken wollte.

Mit Tante Flora war das alles anders. Auf sie wartete zu Hause weder Viehzeug noch sonst irgendein lebendes Wesen, und darum konnte sie uns so lange beglücken, wie sie nur wollte. Fräulein Elsbeth war ihr zwar auch nicht gewogen, weil sie ihr gelegentlich in Mutters Abwesenheit die Herrschaft über die Küchen- und Speisekammergefilde streitig machte, aber Feindseligkeit solcher Art konnte Tante Flora nicht schrecken. Im Gegenteil: sie lebte auf, wenn sie Widersetzlichkeit spürte. Ihre kleinen grauen Mausaugen begannen dann zu glänzen, auf der fahlen Haut ihrer schlaffen Wangen erschienen hektische rote Flekke, und ihre Knubbelnase bebte, als wittere sie Bohnenkaffee. Wenn man sie so sah, konnte man sie sich gut mit einem Rohrstöckchen in der Hand als die Lehrerin vorstellen, die sie einmal gewesen war, bevor sie einen älteren Studienrat geheiratet hatte, von dem uns nur die knallblaue Strickweste in der Erinnerung haftete, die er zu allen Gelegenheiten zu tragen pflegte. Der Studienrat hatte fünfunddreißig Dienstjahren und einer Unzahl von unternehmungslustigen Schülern standgehalten, aber Tante Flora war er nicht lange gewachsen gewesen. Er kam heimlich und um ein paar Jahre zu früh um seine Pensionierung ein, verschwand eines schönen Tages, ohne vorerst seine künftige Adresse zu hinterlassen, aus seiner Wohnung und ließ sich später wegen böswilligen Verlassens mit Vergnügen schuldig scheiden. Er fand, es lohne sich, einen Haufen Geld zu berappen, nur um Tante Flora möglichst weit weg aus seinem Gesichtskreis zu wissen.

Wir Kinder fanden es auch und hätten freudig unser Taschengeld zusammengelegt, nur um uns in derselben ruhigen Gewißheit wiegen zu können, aber Mutters arglos-gutes Herz machte uns einen Strich durch die Rechnung. Sie meinte mitfühlend zu Vater, niemand könne wissen, was da zwischen Flora und Herrn Strahtmann – das war der freiheitslüsterne Studienrat – wirklich vorgegangen sei, und außerdem habe die Arme ohne uns so gut wie keine Familie, und es sei unsere Pflicht, ihr wenigstens einmal im Jahr die Gelegenheit zu gönnen, sich am Heranwachsen der Kinder zu erfreuen. Vater murmelte etwas davon, daß es ihr leicht möglich gewesen wäre, sich diese Freude im eigenen Heim und weniger strapaziös für die Nerven anderer Leute zu verschaffen, aber er könne es weder Herrn Strahtmann übelnehmen, daß er sich verdünnisiert, noch einem etwaigen geplanten künftigen Erdenbürger, wenn er von vornherein auf seine Materialisierung in einer Welt verzichtet hätte, die von einem solchen Besen beherrscht sei.

«Pfui, schäm dich», zischelte Mutter indigniert und sah sich ängstlich um, ob nicht einer von uns in Hörweite wäre. «Erstens ist es ungerecht, und zweitens sagt man so was nicht, und drittens ist Flora immerhin die einzige Schwester von Cousine Paula.»

«Ob einzig oder nicht, es ist jedenfalls ziemlich entfernte Verwandtschaft», bemerkte Vater entschieden, «und meiner Ansicht nach hätten

Sparsamkeit ist eine Tugend . . .

. . . doch Tugenden haben zwei Wurzeln: die Überzeugung oder die Dummheit. Deshalb gehen einem die Tugenden anderer ans Herze oder auf die Nerven.

Auch hier war Sparsamkeit am falschen Platze wie Säuglingsgebrüll: verständlich, aber lästig. Mitunter ist es klug, die Tugend einem besseren Zweck zu opfern. Denn was ist ärgerlicher, als einer vermeintlichen Tugend zu folgen und hinterher festzustellen, daß es nur Dummheit war.

wir mit vierzehn Tagen im Jahr diesen Verwandtschaftsgrad reichlich abgebüßt. Demnach hat sie wenigstens für die nächsten fünf Jahre schon Vorschuß genommen.»

Mutter war im Grunde ihres Herzens der gleichen Meinung wie er, aber wenn Tante Flora sich erst einmal häuslich eingerichtet hatte, fand sie es immer schwierig, sie nach vierzehn Tagen zum Abrücken zu bewegen, und so blieb die Dauer ihrer Besuche unverändert. Manchmal dehnten sie sich sogar noch über die üblichen vier Wochen aus, und zwar immer dann, wenn Mutter aus irgendwelchen Gründen einmal allein verreiste und sonst niemand da war, der die Aufsicht über den Haushalt führen konnte.

Mit Mutters Stellvertreterinnen hatten sich nämlich trübselige Erfahrungen verbunden. Ein Jahr zuvor, mitten in der üppigsten Inflation, als die Mark täglich tiefer ins Bodenlose fiel und der Wert des Dollars sich mit einer respektablen, sprunghaft wachsenden Reihe von Nullen schrieb, hatte sie Vater zu einem Vortrag in die Schweiz begleitet und Frau Grabert herbeizitiert, die uns während ihrer Abwesenheit unter ihre etwas altersmüden und zerrupften Fittiche nehmen sollte. Frau Grabert war auf weitläufige Art mit uns verwandt und empfahl sich für die ihr zugedachte Aufgabe durch eine gewisse blasse, mürrische Würde, einen rheumatisch steifen Rücken, den man notfalls auch als einen Ausdruck von Charakterfestigkeit ansehen konnte, und den Ruf einer in der Ehe mit einem Beamten der mittleren Laufbahn weidlich erprobten Sparsamkeit.

Vater und Mutter reisten also beruhigt ab, nachdem sie Frau Grabert eine beachtliche Summe in die Hand gedrückt und ihr eingeschärft hatten, auf der Stelle in den nächsten Laden zu stürzen und nicht eher wieder zum Vorschein zu kommen, als bis sie das Geld bis auf den letzten Pfennig verputzt und alle notwendigen Nahrungsmittel für die nächsten vierzehn Tage beisammen habe. Frau Grabert war zwar besten Willens gewesen, aber beim nochmaligen Überzählen des Geldes mußten ihr heftige Bedenken in bezug auf Vaters Geisteszustand gekommen sein. Wenigstens reime ich mir's so zusammen. Soviel schönes Geld, und das sollte sie alles für wucherhaft überzahlte Lebensmittel zum Fenster rauswerfen! Die ganze Erfahrung ihres langen Lebens, in dem sie immer nur ein beklagenswert schmales Wirtschaftsgeld zu verwalten gehabt hatte und eine Mark nie etwas anderes als hundert Pfennige gewesen war, die man zu ehren hatte, wenn man des Talers wert sein wollte, sträubte sich dagegen, und sie beschloß, Vater freudig zu überraschen.

Für uns sah die freudige Überraschung so aus, daß wir auf eine Diät von Brotsuppe und dünnbestrichenen Sirupstullen gesetzt wurden –

etwas anderes hatte sie ja in ihrer Jugend auch nicht gekannt. Und Vater und Mutter standen sprachlos da, als wir ihnen bei der Rückkehr abgemagert entgegenschlichen, während ihnen Frau Grabert verschämt triumphierend das kaum angekratzte, längst wertlos gewordene Banknotenpäckchen zurückgab. Offenbar hatte sich ihnen die Freude auf die Stimme geschlagen.

So blieb also Tante Flora als einziger Ausweg. Wenigstens hatte sie nichts für Brotsuppe und Sirupstullen übrig. Nur Peter, unser Jüngster, war nicht bereit, sich auf Kompromisse mit ihr einzulassen. Sie konnte nämlich keine Hunde leiden, und Peter liebte Hunde über alles. Er kannte sämtliches hundeähnliches Getier in unserer Straße bei Namen, führte lange Gespräche mit allen Struppis, Mohrchens und Waldis, die er traf, und hatte alle Taschen voller Brotkrusten und Zuckerstückchen. Nur Tante Floras regelmäßige Besuche waren schuld daran, daß Vater ihm keinen eigenen Vierbeiner kaufte. Mutter meinte unsicher, diese Rücksicht sei man ihr wohl schuldig.

Ich weiß nicht, wie er schließlich darauf kam, sich einen Hund anzuschaffen, der nur in seiner Phantasie – aber da höchst lebensvoll – existierte. Eines Tages rief er jedenfalls nach «Pluto», bevor er auf die Straße ging, und als wir ihm verdutzt aus dem Fenster nachstarrten, hatte es den Anschein, als führe er etwas an der Leine, das außer ihm niemand sah. So ging es Monate hindurch. Pluto war unser Hausgenosse geworden, einer der angenehmsten, die man sich denken kann. Er trieb sich immer in Peters Nähe herum, ein stummer, folgsamer Schatten, der für uns allmählich Umrisse anzunehmen begann. Selbst Vater, der Peters Treiben anfangs mißbilligend zugesehen hatte, gewöhnte sich mit der Zeit daran, und gelegentlich kam es sogar vor, daß er nach Pluto fragte, worauf ihm Peter stets ernst und erschöpfend Auskunft gab.

Alles ging gut, bis wieder einmal Tante Floras Besuch bevorstand, einer von der verlängerten Sorte. Mutter war nach Karlsbad zur Kur gereist, Elsbeth nach Werneuchen in Urlaub gefahren, und wir hatten die Stadtwohnung mit einem für den Sommer gemieteten Häuschen bei Kladow vertauscht. Friedrich war gerade in einen ersten heftigen Flirt verstrickt und fühlte sich von Tante Floras bevorstehender Ankunft besonders betroffen. Es war klar, daß ihre Anwesenheit auf seine heimlichen Rendezvous mit Sabinchen von nebenan tiefschwarze Schatten werfen würde. Sie befanden sich noch im köstlichen Stadium zarter Bekenntnisse und konnten keinen Aufpasser brauchen. Wenn Vater sich bisher auch wenig darum gekümmert hatte, wohin er sich nach dem Abendbrot verdrückte – Tante Floras hellseherischem Spürsinn für alles, was sie mit Abscheu «unmoralisch» zu nennen pflegte, würde es nicht lange verborgen bleiben, und mit ihren stillen Stunden in der Laube war's dann wohl vorbei.

Trüber Gedanken voll, schaukelte er am Abend vor Tante Floras Ankunft in der Hängematte zwischen den beiden Apfelbäumen, kaute an einem Grashalm und sah Peter zu, der mit Pluto spielte. Peter hielt ein Stöckchen vor sich, ermunterte Pluto, drüber weg zu springen, und lobte ihn, als ihm das Kunststück zur Zufriedenheit gelang. Trotz Plutos Unsichtbarkeit war Friedrich seit so langer Zeit an die ständige Gegenwart des Hundes gewöhnt, daß er ihn geradezu freudig wedeln sah. Aber eins fiel ihm dabei zum erstenmal auf: daß er eigentlich gar nicht wußte, was für eine Sorte Köter er da vor sich hatte. Peter hatte sich nie genauer darüber ausgelassen, und er selbst hatte keinen Anlaß gehabt, darüber nachzudenken. Jetzt aber kam ihm eine Idee.

«Peter!» rief er, spuckte den Grashalm aus und schwenkte die Beine aus der Hängematte.

Peter sah auf, winkte Pluto und kam neugierig näher. Eine blonde Haarsträhne hing ihm in die Stirn, und die Wadenstrümpfe kringelten sich faltig um seine mageren Knöchel.

«Was für ein Hund ist Pluto wohl?» fragte Friedrich.

Peters runde Augen sahen ihn erstaunt an. «Wieso?» erkundigte er sich.

«Ich meine, was für 'ne Rasse?»

«'n Dackel», kam die Antwort wie aus der Pistole geschossen.

Friedrich schüttelte den Kopf. «Ausgeschlossen», sagte er. «Pluto ist nie im Leben ein Dackelname. Außerdem wär ein Dackel zu klein.»

Peter starrte ihn verständnislos an und beugte sich dabei ein wenig hinunter, um Pluto tröstend hinterm Ohr zu kraulen.

«Zu klein für Tante Flora», fügte Friedrich hinzu.

Es dauerte eine Weile, aber dann hatte Peter verstanden. Er warf mit einer schrägen Kopfbewegung die Strähne aus der Stirn und grinste. «Ein Schäferhund», gab er bereitwillig nach.

Friedrich war noch immer nicht zufrieden. «Schäferhund ist schon besser», sagte er, «aber noch nicht genug. Wie würde dir 'n Bullenbeißer gefallen?»

Peters Mundwinkel gerieten in gefährliche Nähe der Ohren. «Bullenbeißer sind in Ordnung», kicherte er.

Friedrich spähte über ihn hinweg zur Terrasse, wo Vater mit übereinandergeschlagenen Beinen in seinem Korbsessel saß und im Schatten der Pergola die Zeitung las. «Komm näher ran», sagte er gedämpft. «Ernste Zeiten erfordern ernste Entschlüsse. Wir haben wichtig miteinander zu reden.»

Es war nicht schwer, den Kleinen für seine Pläne zu gewinnen. Zwar befand er sich in einem Alter, in dem Mädchen als untergeordnete Wesen gelten, aber die Aussicht, Tante Flora zu ärgern, war so verlokkend, daß er sogar über Friedrichs albernes Verlangen, ungestört mit Sabinchen zusammen zu sein, nachsichtig lächelnd hinwegsah. Als Friedrich wieder in der Hängematte lag, von der aus er unauffällig zum Nachbargarten hinüberlauschen konnte, schien ihm die nächste Zukunft jedenfalls nicht mehr ganz so düster.

Obwohl Tante Flora nun die nächsten vier Wochen im Hause kommandieren sollte, war Vater am Tage darauf beim Mittagessen in bester Stimmung. Es fiel ihm wohl auf, daß Peter sich nicht wie sonst mit Pluto beschäftigte, denn er fragte ihn zwischen zwei Bissen nach dem Hund.

«Er ist im Garten», sagte Peter mit todernster Miene. «Komisch, seit gestern will er nicht mehr ins Haus.»

«Wahrscheinlich hat er eine Freundin gefunden», meinte Vater.

Tante Flora blickte mißtrauisch vom einen zum anderen. «Ihr habt euch doch nicht etwa einen Hund angeschafft?» fragte sie und runzelte die Stirn. «Du hast mir nichts davon geschrieben, Heinz.»

Vater blinzelte ihr zu.

«Mach dir keine Sorgen, Flora, er wird dir nicht nach den Waden schnappen.»

Ich weiß nicht, was größer war: Tante Floras Entsetzen über Vaters beklagenswert leichtfertige Bemerkung oder ihr Abscheu vor dem Hund. Sie bedachte Vater mit einem durchbohrenden Blick, und während sie sich entrüstet wieder über ihren Teller machte, äugte sie verstohlen in die Zimmerecken.

An diesem Abend war Vater nicht zu Hause, und Friedrich war gegen neun Uhr mit Sabinchen in der Laube verabredet. Peter hatte sich den Nachmittag über wie immer mit Pluto im Garten vergnügt, und obgleich Vater Tante Flora aufgeklärt hatte, traute sie dem Frieden offenbar nicht; mehrmals war sie draußen erschienen, hatte sich aber über die Terrasse nicht hinausgewagt.

Nach dem Abendessen machte sich Friedrich heimlich davon, Bixi, Dreas und Thomas gingen nach oben, und Peter blieb bei der strickenden Tante Flora zurück. Eine Weile rutschte er unruhig auf seinem Stuhl hin und her, und schließlich verschwand er in der Küche. Als er mit einem Napf voller Speisenreste zurückkam und der Terrassentür zustrebte, wurde Tante Flora aufmerksam.

«Wo willst du hin?» fragte sie argwöhnisch.

Peter sah sie mit der Miene kindlich-erstaunter Unschuld an.

«In den Garten», sagte er. «Pluto muß doch was zu fressen kriegen.»

«Unsinn!» sagte Tante Flora aufgebracht. «Ihr habt keinen Hund. Du mußt dir nicht einbilden, daß du mich zum Narren halten kannst.»

«Ich kann's ja auch lassen», meinte Peter harmlos. «Aber dann würde ich mich an deiner Stelle nicht in den Garten trauen. Wenn Pluto hungrig ist, greift er glatt Menschen an.»

Tante Flora ging mit einem Achselzucken über die Besorgnis des Neffen hinweg. «Wo ist denn Friedrich?» forschte sie streng.

«Friedrich?» wiederholte Peter, und in seinen Augen schimmerte die sanfte Einfalt sündloser Jugend. «Hab keinen Dunst.»

«Na warte», murmelte Tante Flora drohend. «Wahrscheinlich treibt der Bengel sich mit dem Mädchen von nebenan herum. Dein Vater hat mir davon erzählt. Leider kennt seine Laschheit in dieser Hinsicht keine Grenzen. Aber wenn er nicht für Ordnung sorgt, werde ich tun, was bei einem siebzehnjährigen Lümmel noch sehr nötig ist.»

«Kann ich nicht wenigstens mal nach Pluto sehen?» fragte Peter betrübt. «Er wird sich wundern, daß ich mich gar nicht um ihn kümmere.»

Tante Flora blitzte ihn mit ihren Brillengläsern zornig an.

«Nein», sagte sie. «Du scherst dich ins Bett.»

Um diese Zeit ungefähr schlüpfte Sabinchen zu Friedrich in die Laube. Sie duftete nach Fliederseife, und ihr rundes, hübsches Gesicht sah in der Dunkelheit blaß und ängstlich aus. Friedrich zog sie schweigend auf die schmale Holzbank, drückte ihre Hand, und sie flüsterten, wie und was man bei dergleichen Gelegenheiten zu flüstern pflegt. Eng nebeneinander hockten sie da, kühn hatte Friedrich seinen Arm um sie gelegt, roch den Duft ihres Haares, spürte beseligt die Wärme ihres Körpers und wähnte sich seinem Ziele nah. Nie hatte er ihre Bereitschaft so sehr gefühlt. Durfte er's wagen? Vorsichtig beugte er sich zu ihr, näherte seinen Mund ihrem blassen Gesicht – und plötzlich hörte er die Terrassentür gehen. Erschrocken fuhren sie auseinander.

«Friedrich!!» ließ sich Tante Floras schrille Stimme vernehmen.

Sie rührten sich nicht. Dann knirschten Schritte über den Kies. Friedrich bog das Blattwerk auf seiner Seite vorsichtig auseinander und spähte durch die Lücke. Tante Floras hagere, große Gestalt zeichnete sich drohend gegen das Licht aus dem Terrassenzimmer ab. Sie näherte sich zögernd und wandte bei jedem Schritt den Kopf. Offenbar dachte sie an Pluto.

Zitternd sank Sabine Friedrich an die Brust. Er preßte sie an sich und zischelte ihr verworrenes Zeug ins Ohr. Er war bereit, dem Unheil mit männlicher Fassung entgegenzusehen, ja er dürstete förmlich danach, allen Drohungen einer feindlichen Welt mutig zu trotzen.

Aber es kam nicht dazu, denn in diesem Augenblick bellte irgendwo in den Nachbargärten ein Hund. Es klang wild, heiser und ziemlich blutdürstig. Das war zuviel für Tante Flora. Sie glaubte, den verleugneten Pluto hungrig über die Gartenwege jagen zu sehen, und wandte sich entsetzt zur Flucht. Ein Brombeerzweig verfing sich in ihrem Rock, und es war ihr, als schnappe das Tier schon nach ihr. Mit einem gellenden Schreckensruf stürzte sie über die Terrasse und warf die Glastür hinter sich zu.

Sabinchen aber blieb, wo sie lag: an Friedrichs Brust. Als das Klirren der Glastür verhallt war, beugte er sich über sie und entdeckte den Schimmer eines Lächelns in ihren Augen. «Ich liebe Hunde», flüsterte sie. In der nächsten Sekunde spürte Friedrich ihre Lippen auf seinem Mund.

Vaters Beschwichtigungsversuche nutzten nichts, zumal sie nicht übermäßig nachdrücklich klangen: am nächsten Tage reiste Tante Flora ab. Sie könne, sagte sie, nicht in einem Hause bleiben, in dem man Raubtiere verheimliche und dann hinterrücks auf sie hetze.

Sie wurde von Vater in die Stadt zum Bahnhof eskortiert, und als er allein zurückkam, fiel uns allen hörbar ein Stein vom Herzen. Wir hatten es im Ernst nicht für möglich gehalten, daß Tante Flora vor einem Hund Reißaus nehmen würde, den es gar nicht gab, und es war uns klar, daß Vater, da es nun doch passiert war, heimlich unser Bundesgenosse gewesen sein mußte. Wenn er Pluto nämlich kategorisch ins Reich der Fabel verwiesen hätte, wäre Tante Flora bestimmt nicht unerbittlich geblieben. Also hatte er nicht – und wenn ihm nicht schon vorher unsere Herzen gehört hätten, wären sie ihm jetzt zugeflogen.

Als er uns alle in der Tür zum Terrassenzimmer auftauchen sah, fiel es ihm schwer, ernst zu bleiben. Er wußte ja genau, was wir dachten und gefürchtet hatten. Und wir wiederum wußten, daß er es wußte, und scharrten verlegen mit den Füßen über das ohnehin schon ziemlich ramponierte Parkett.

Schließlich kam er zu uns ins Zimmer, machte die Tür hinter sich zu und sagte:

«Gut, daß ihr alle da seid. Ich habe mit euch ernsthaft zu reden.»

Er räusperte sich und fuhr fort: «Wie ihr seht, ist es mir trotz heißester Bemühungen nicht gelungen, Tante Flora zum Bleiben zu bewegen. Sie ist abgereist und hat uns schnöde unserem Schicksal überlassen. Mutter ist noch vier Wochen weg, Elsbeth kommt vor vierzehn Tagen nicht wieder, und wenn wir nicht selbst tatkräftig für den Haushalt sorgen, werden sie uns vermutlich verhungert unter einer dicken Staubschicht vorfinden.»

Er machte eine wirkungsvolle Pause, betrachtete angelegentlich seine Fingernägel und fügte dann gedehnt hinzu:

«Ich könnte allerdings noch einen letzten Versuch machen, Tante Flora mit einem Telegramm zur Rückkehr zu überreden.»

«Bloß nicht», ließ sich Bixi vernehmen. «Ich will gern kochen, wenn ihr's mir zutraut.»

«Und ich kauf ein», brüllte Dreas. «Und Teppichklopfen kann ich auch.»

«Und ich wisch Staub und putz die Stiefel», meldete sich Friedrich heroisch. Das Angebot mußte ihn große Überwindung gekostet haben, denn er war in seinem Äußeren mächtig penibel und hatte mit Schmutzarbeit nicht viel im Sinn.

«Und ihr?» wandte sich Vater nun an die Kleinen.

«Ich kann die Betten machen», bot Thomas an, und Peter sagte schlicht: «Und ich führ immer Pluto aus.»

«Das ist fein», sagte Vater. «Ich hab gar nicht gewußt, was ich für tüchtige Haushalts-Hilfskräfte habe. Es hat eben alles sein Gutes. Selbst wenn ein nicht vorhandener Hund einer vorhandenen Tante in die nicht vorhandene Wade beißt. Aber . . .» Er hatte das Grinsen auf unseren Gesichtern gesehen und wollte wohl die Stimmung nicht allzu üppig ins Kraut schießen lassen. «Aber wenn ihr eure freiwillig übernommenen Pflichten nicht anständig ausführt oder womöglich die Ferienarbeiten für die Schule drüber vergeßt, wißt ihr, daß Tante Flora nicht allzu weit weg wohnt. Und jetzt an die Arbeit.»

Er griff sich die Zeitung und setzte sich in Richtung des Korbstuhls auf der Terrasse in Bewegung, aber nach zwei Schritten drehte er sich wieder um und winkte Peter heran.

«Richtig», sagte er und zog sein Portemonnaie aus der hinteren Hosentasche. «Wir haben ja Pluto ganz vergessen.» Und während er Peter eine Mark in die Hand drückte, fügte er hinzu: «Hier, kauf ihm 'ne Bockwurst, eine recht lange.»

SECHSTES KAPITEL

Leibesübungen

Der Umzug von Mannheim nach Berlin bedeutete einen wichtigen Schritt in Vaters Laufbahn, aber ich glaube doch, daß er bei aller Genugtuung darüber auch ein bißchen Angst davor hatte. Natürlich nicht vor den Anforderungen seines künftigen Wirkungskreises, sondern mehr in bezug auf die private, persönliche und familiäre Seite der Angelegenheit. Er hatte sich schon in Mannheim mit Händen und Füßen dagegen gesträubt, sich von der Stadt schlucken und seine Kinder Stadtkinder werden zu lassen, und er wußte nicht so recht, ob ihm das auch in Berlin gelingen würde.

Um von vornherein die wichtigste Voraussetzung dafür zu schaffen, mietete er eine Wohnung am Rande Charlottenburgs, ganz in der Nähe der alten Ausstellungshalle, von wo aus man kaum eine Viertelstunde zu gehen hatte, um unter den schwankenden Wipfeln der Grunewaldkiefern zu stehen. Dabei hatte er, als Wirtschaftsfachmann von der Notwendigkeit bester Transportverbindungen überzeugt, auch gleich auf die strategisch günstige Lage der Verkehrsmittel geachtet. Unsere

Wohnung konnte sich in naher bis nächster Entfernung eines Stadtbahnhofs, eines U-Bahnhofs und einer Straßenbahnhaltestelle rühmen. Daß dafür die verschiedenen Schulen, in die wir zu gehen hatten, ziemlich weit entfernt und mit diesen Verkehrsmitteln nicht zu erreichen waren, störte ihn gar nicht – im Gegenteil. Der tägliche Fußweg, meinte er, würde uns nur erfreulich gründlich mit frischer Luft in Berührung bringen. Und Mutters schüchternen Einwand, daß sie weder in unserer noch in den Nachbarstraßen auf ein Arztschild gestoßen sei, wies er lächelnd als unerheblich ab. Er war nie in seinem Leben krank gewesen, erwartete von uns selbstverständlich das gleiche, und von Ärzten hielt er schon rein gar nichts. Fühlte er sich einmal erkältet, was als äußerster Tribut an die Unvollkommenheit des menschlichen Körpers gelegentlich vorkam, kurierte er sich selbst, indem er sich die Sonntagsausgabe der Vossischen Zeitung mit Georg Bernhards Leitartikel unter dem Hemd um Brust und Bauch wickelte und sich weiterhin zwecks Desinfizierung der Atemwege eine braungläserne Formamint-Flasche unter die Nase hielt, deren scharfem, beizendem Geruch er wahre Wundertätigkeit zuschrieb.

Um die Wirkung zu konzentrieren, hielt er sich dabei immer ein Nasenloch zu, sog die Luft tief ein, bis ihm die Augen tränten, und schnitt dazu freudige Grimassen, um uns anzureizen, ihn um eine Prise zu bitten. Aber wir hatten alle schon an diesen Wunderflaschen riechen müssen, von denen immer eine Vaters linke hintere Hosentasche ausbeulte – in der rechten stak das Portemonnaie –, und wir dachten gar nicht daran, uns freiwillig einer Prozedur zu unterziehen, die vielleicht Vaters gegerbten Schleimhäuten bekam, aber keinesfalls unseren zarten. Die Tabletten in der Flasche hätten wir schon eher geschluckt, aber mit denen rückte Vater nur raus, wenn wir vorher eine kräftige Prise nahmen.

Vater hatte also zwei Fliegen mit einer Klappe geschlagen: einmal wohnten wir draußen am Stadtrand, und zum andern konnte er sich jeden Morgen mit der Stadtbahn, deren rußige, klappernde, in der zweiten Klasse mit graugestreiftem, staubigem Plüsch gepolsterte Wagen damals noch von gemütlich pustenden Dampflokomotiven gezogen wurden, ziemlich bequem zu seiner Wirkungsstätte in der Spandauer Straße begeben. Zu bequem, wie er manchmal reumütig fand. Zum Ausgleich dafür marschierte er nachmittags, oft von Mutter begleitet, den langen Weg zurück, oder wenn das nicht möglich war, veranstaltete er nach dem Abendessen, und bevor er sich wieder mit einem Buch oder einem Manuskript in sein Zimmer verzog, mit den Älteren kleine Spielchen, die er sich ausgedacht hatte, um die Muskeln nicht rosten zu lassen.

Eins bestand darin, daß man sich gegenseitig mit den flachen Händen von seinem Standplatz stoßen mußte, den man mit geschlossenen Füßen zu behaupten hatte. Vater mochte es am liebsten, obwohl es das einzige war – oder vielleicht gerade darum –, in dem er nicht von vornherein sicherer Sieger blieb. Der Unsicherheitsfaktor für ihn bestand darin, daß wir, vorausgesetzt, wir blieben mit den Füßen auf unserem Platz, seinen Stößen listig nachgeben oder gar ausweichen konnten, und wenn das im richtigen Augenblick geschah, pflegte er uns, von seinem gewichtigen Schwung vorangetrieben, mit stürmischer Wucht um den Hals zu sinken, und wir hatten gewonnen.

Mutter hatte etwas gegen dieses Spiel, seitdem Vater einmal bei einer solchen Gelegenheit an dem ängstlich beiseite springenden Dreas vorbei mit vorgeneigtem Kopf rammbockartig Elsbeth, die gerade mit einem hochbeladenen Tablett küchenwärts durchs Eßzimmer kreuzte, gegen den Bauch geprallt war. Elsbeth stieß einen gellenden Schrei aus, warf das Tablett in die Höhe und plumpste hintenüber zu Boden, während es um sie herum Teller, Gläser und sonstiges Eßwerkzeug hagelte. Als die letzte Untertasse splitternd gelandet war, richtete sich Vater auf, hob würdig einen Strang butterglänzender Spaghetti von seinem rechten Ohr und half Elsbeth besorgt wieder auf die Füße.

«Tut mir leid, Elsbeth», sagte er. «Ich hab's wahrhaftig nicht mit Absicht getan.»

Elsbeth hüllte sich beleidigt darüber in Schweigen, wie weit sie seiner Versicherung Glauben schenkte, und erst in der Tür drehte sie sich noch einmal um und bemerkte vorwurfsvoll: «Wer weiß, was ich mir in Zukunft von den Kindern noch zu vergegenwärtigen habe, wenn schon Herr Professor so mit schlechtem Beispiel vorangeht.»

Sie hatte nicht einmal so unrecht. Zwar veranstalteten wir keine Angriffe auf sie selbst, aber eins der Lieblingsspiele der «Kleinen» in den nächsten vier Wochen bestand darin, daß sich Bixi mit Hilfe von Federbetten und Steppdecken in eine unförmig dicke Walze zu verwandeln hatte, auf die Peter und Thomas abwechselnd nach Vaters Vorbild losstürzten und sie unter Getöse und Geklirr von Puppengeschirr zu Fall brachten. Elsbeth kam einmal dazu, als sie eben im besten Schwange waren, und starrte Bixi sprachlos an, die sich diesmal zusätzlich mit zwei mittelgroßen Gummibällen die Brustpartie ausgestopft hatte und ungefähr wie eine jener ungefügen Frauenskulpturen aussah, die man in vorgeschichtlichen Sammlungen sieht.

«Soll das etwa ich sein?» schnob sie wütend, nachdem sie sich durch einen Blick auf ihre eigene Vorderfront von dieser Möglichkeit durchaus überzeugt hatte. «Na, wartet, das werd ich euerm Vater sagen.»

Offensichtlich fand sie aber eine Aussprache mit Vater über dieses

Thema doch zu heikel. Jedenfalls war die einzige Folge, daß nach der nächsten großen Wäsche ein standfestes Korsett über der Leine auf dem Trockenboden hing, das weder Mutter noch Bixi gehörte.

Unser häuslicher Sportbetrieb erhielt mächtigen Auftrieb, als eines Tages in Vaters Gefolge ein rüstiger Mann mit einer in der Mitte zusammenklappbaren, grüngestrichenen und weißgeränderten Holzplatte auf dem Rücken erschien, die unter allgemeiner Aufmerksamkeit auf zwei Böcken in der Diele installiert wurde. Über die Mitte wurde ein niedriges grünes Netz gespannt, und der Pingpongtisch war fertig. Fürderhin wurde es zu bestimmten Tageszeiten üblich, daß jedweder, der die Wohnung verlassen oder betreten wollte, die Hintertreppe zu benutzen hatte. Ausgenommen waren nicht einmal bessere Besucher, die Vater privat oder hochoffiziell ihre Aufwartung machen wollten. Seinen Grund hatte das darin, daß die Spieler sich nicht stören lassen wollten und daß sie überdies bei heißen Gefechten ein hemmendes Kleidungsstück nach dem anderen auszogen, bis sie bei einem Stadium angelangt waren, das ihr Erscheinen an der Tür im Interesse des guten Rufs der Familie verbot.

Eines Sonntags vormittags war Vater gerade dabei, noch in ziemlich bekleidetem Zustand Friedrich eine hitzige Partie zu liefern, als es an der Vordertür klingelte. Durch irgendein Wunder war es ihm gelungen, mit seinen Punkten ziemlich dicht hinter dem sonst unschlagbaren Friedrich zu bleiben, und er gab sich bereits der kühnen Hoffnung hin, daß ihm diesmal vielleicht ein Sieg gelingen würde. Jedenfalls hätte der Besucher keinen ungünstigeren Augenblick für sein störendes Erscheinen wählen können.

Vater, der der Tür zunächst stand, überhörte also das Klingeln und wurde durch einen weiteren Pluspunkt belohnt, indem er den Ball mit Wucht und Bedacht in eine Ecke setzte, in der Friedrich ihn nicht erwartet hatte. Als es zum zweitenmal – und diesmal beharrlicher – klingelte, konnte Vater es nicht mehr überhören, wollte aber die sichtlich glückliche Strähne nicht durch ausgedehntes Parlieren an der Tür gefährden und brüllte also nur durch einen schmalen Spalt: «Kommen Sie, wenn's nicht anders geht, bitte über die Hintertreppe!» Darauf knallte er die Tür wieder zu, und der Fortführung des Spiels hätte nichts im Wege gestanden, wäre nicht Mutter in diesem Augenblick in der Diele erschienen.

«Hat es nicht geklingelt?» forschte sie.

«Es hat», sagte Vater ungeduldig, «aber laß uns jetzt in Ruhe. Ich bin auf dem Marsch zum sicheren Triumph.»

Er holte zum Aufschlag aus, in der festen Erwartung, daß Mutter verschwinden würde, aber zu seinem leicht ärgerlichen Erstaunen wich sie nicht von der Stelle.

«Wer war's denn?» fragte sie.

«Weiß ich nicht», gab Vater unwirsch zurück. «Ich hab bloß den Kopf rausgesteckt und gesagt, sie sollten hintenrum kommen, wenn sie gar nichts Besseres vorhätten.»

«Sie?» Mutters «Sie» war sehr langgezogen und hörbar von ahnungsvollem Schrecken getönt. Selbst Friedrich, der bisher mit gelangweiltem Gesicht der Unterhaltung gelauscht hatte, begann für die sich anbahnende Entwicklung Interesse zu zeigen.

«Natürlich sie», sagte Vater, «es waren ja zwei. Jemand mit 'ner schwarzen steifen Melone und jemand anders mit so einem verrückten Hutgebilde mit Blumen drauf. Aber nun stör uns bitte nicht länger.»

«Du lieber Himmel», ächzte Mutter ersterbend und suchte hinter sich Halt an der Wand. «Hast du vergessen, daß der neue Rektor der Technischen Hochschule und seine Frau heute bei uns Besuch machen wollten?»

«Alle Wetter», sagte Vater, nun doch leicht beunruhigt, und raspelte sich mit der gummiüberzogenen Seite des Schlägers übers Kinn. «Wenn ich mir's recht überlege, könnten sie's gewesen sein. Sie sahen ziemlich feierlich aus. Was machen wir jetzt?»

«Sieh doch mal nach, ob sie nicht noch draußen stehen», warf Friedrich praktisch ein.

Vater tat's. «Weg», sagte er und warf enttäuscht die Tür wieder zu. «Spurlos verschwunden. Wahrscheinlich tief gekränkt. Und», fügte er reuig hinzu, «nicht ganz ohne Grund, wie ich zugeben muß.»

Er starrte einen Augenblick betreten auf das weiße Bällchen in seiner Hand, dann faßte er wieder frischen Mut. «Ach was», sagte er, «sie brauchten ja nicht gerade in dem Augenblick zu bimmeln, in dem der Sieg schon in Reichweite war. Los! Wer ist am Geben?»

Doch im gleichen Moment «bimmelte» es wieder, und diesmal an der Hintertür. Vater vergaß, sich Weste und Jacke überzuziehen, so rasch machte er sich, Mutter im Kielwasser, durch den langen, dämmerigen Flur nach hinten auf den Weg, und als er öffnete, war es tatsächlich der Herr Rektor samt Gemahlin. Sie sahen blaß und mitgenommen aus, der steife schwarze Hut war offenbar mit irgend etwas Hartem in Berührung geraten, denn er wies außer einer leichten Umflorung von Spinnweben eine stattliche Delle auf, und seine Frau trug deutliche Spuren des kalkigen Wandverputzes an ihrem Mantel. Ihre Mienen zeigten den Ausdruck schmerzlich auf sich genommener Pflichterfüllung.

«Die Lichtverhältnisse im Treppenhaus sind ziemlich schlecht, um es gelinde auszudrücken», bemerkte der Rektor vorwurfsvoll, während er die Spinnweben von seiner Melone blies.

Vater strahlte ihn aufmunternd an. «Man gewöhnt sich dran», beschwichtigte er. «Beim zweitenmal weiß man meistens schon, wo man den Kopf ein bißchen einziehen muß.»

Kein Mensch, der Vater nicht kannte und seine fünf Sinne beisammen hatte, wäre auf die wahnwitzige Idee gekommen, daß dieser Besuch noch zu einem Erfolg werden könnte. Aber Tatsache ist, daß sich nach Verlauf eines knappen Stündchens Vater und der Rektor hemdsärmelig und schwitzend am Pingpongtisch gegenüberstanden, während Mutter und die Rektorin alle Hände voll zu tun hatten, um die Bälle aus allen Ecken nur schnell genug für den Bedarf der beiden hitzigen Kämpen wieder heranzuschaffen.

Nur einmal gab es noch einen kritischen Augenblick: als sich Vater in der Hitze des Gefechts anschickte, auch noch sein Hemd auszuziehen, wie er es bei den Spielen mit uns gewohnt war, und Mutter ihn zum Glück gerade noch davon abbringen konnte.

Es geht die Sage, daß Vater zum erstenmal aus Versehen in einen Boxkampf geraten sei – er hatte eigentlich in ein Beethovenkonzert nebenan gehen wollen –, aber sicher ist, daß er seitdem zu Mutters Kummer eine gewisse Leidenschaft für diesen in ihren Augen «gräßlich plebejischen Sport» hegte. Natürlich sah er immer nur zu, aber bei ihm war Zusehen ganz und gar keine passive Betätigung. Er nahm zusehend teil, das heißt, er schlug sich entschieden auf die Seite eines der beiden Kontrahenten und triumphierte, litt oder feuerte an, je nachdem die Lage «seines» Mannes ihm Anlaß gab. Soweit wäre nun nichts dabeigewesen, denn seine Vorder-, Hinter- und Nebenmänner taten das gleiche. Aber die Sache war die, daß er, offenbar in dem Gefühl, einen gerechten Ausgleich in der Verteilung der Sympathien herbeiführen zu müssen, seine Stimme ständig und beharrlich zugunsten dessen erhob, gegen den sich gerade die Volksgunst wandte.

Es blieb nicht aus, daß seine einsame Widerborstigkeit das Mißfallen seiner Nachbarn erregte, und nicht selten sahen wir an solchen Abenden Vater mit zerbeultem Hut und zerrupfter Krawatte wieder zu Hause erscheinen, im noch immer lebhaft geröteten Gesicht den Glanz bescheidenen Stolzes über die wieder einmal gelungene Wahrung seiner Unabhängigkeit angesichts der gegen ihn vereinten Menge.

Zum Boxen ging er betrüblicherweise immer allein, denn dorthin hätten wir allesamt ihn gern begleitet, aber Leichtathletik betrieb er «en famille», und das hätten wir ihn nun wiederum lieber allein machen lassen. Einmal der Mühsal wegen und zum anderen wegen des Aufsehens, das wir unweigerlich dabei erregten. Jeden Sonnabend nachmittag fand sie statt und bestand darin, daß wir mit Vater einen Dauerlauf zu unternehmen hatten, er voran und wir fünf hinterher; nur Mutter war aus bestimmten Gründen davon ausgenommen. Sommers kleidete er sich dazu in Joppe und Knickerbocker von konservativem Schnitt, winters in Hut und Paletot. Er war der Meinung, daß er sich von niemand vorschreiben zu lasssen brauche, wie er sich sportlich anzuziehen habe, und kurze Hosen waren ihm ohnehin viel zu zugig.

Nun wäre ja alles noch zu ertragen gewesen, wenn er mit dem Laufen gewartet hätte, bis wir in eine weniger belebte Gegend gekommen wären, aber Vater winkelte gleich vor der Haustür unternehmungslustig die Arme an, warf uns durch die blitzenden Brillengläser einen aufmunternden Blick zu, der unsere peinlich berührten Mienen souverän übersah, und trabte los, uns durch sein Beispiel nach sich ziehend. Dabei spähten wir vorsichtig nach allen Seiten, ob nicht irgendwo die grinsende Visage eines Schulgenossen oder sonst eines Bekannten auftauchte. Besonders Friedrich war sehr dran gelegen, in diesem Aufzug keinem der Mädchen zu begegnen, die ihn als eleganten jungen Mann von Welt kennengelernt hatten. Links und rechts standen die Leute erstaunt Spalier, und wenn wir endlich zwischen Schrebergärten angelangt waren, rannten die Köter kläffend hinter uns her und schnappten erbittert nach unseren Waden, weil wohl ihren Erfahrungen nach es nur Hühnerdiebe so eilig hatten.

Bevor wir das erste Mal gestartet waren, hatte Vater uns theoretisch auf das Unternehmen vorbereitet. Er fand es wichtig, daß man eine Sache nicht nur als das sah, was sie nach außen hin war, in diesem Falle also einfach Laufen, sondern als etwas, was seine verschiedenen Seiten hatte, von denen allen man wissen mußte, wenn man sie richtig bewältigen wollte.

«Bildet euch bloß nicht ein», fing er also an, während er nach dem Mittagessen sorgfältig die Serviette zusammenlegte und die Kleinen schon ungeduldig darauf warteten, daß er seinen Stuhl zurückschieben und damit uns allen das Zeichen zum Aufstehen geben würde, «daß man nur mit den Beinen läuft.»

Er machte eine Pause und ließ den Blick inquisitorisch um die Tafel schweifen, um festzustellen, ob wir begriffen, worauf er hinauswollte. Um zu zeigen, daß er aufgepaßt hatte, warf Peter ein: «Auf 'n Händen laufen kann man auch.»

«Quatsch!» sagte Vater schlicht. «Ihr müßt immer erst die Ohren und dann erst das Maul aufsperren. Ich hab ‹mit› gesagt, nicht ‹auf›.

Das ist ein gewaltiger Unterschied.»

«Versteh ich nicht», sagte Thomas. «Da muß ich in der Schule gerade gefehlt haben. Wenn ich *mit* den Beinen laufe, lauf ich doch auch *auf* den Beinen.»

Vater nahm verstimmt das Grinsen auf Dreas', Friedrichs und Bixis Gesichtern wahr und hatte das Gefühl, daß sich hier etwas Irrationales vor ihm auftat, dem man wiederum nur mit irrationalen Mitteln beikommen konnte. Aber er beschloß, auf jeden Fall ruhig und gefaßt zu bleiben, um wenigstens den Kleinen, wenn schon bei den Großen Hopfen und Malz verloren war, seinen Gedankengang klar auseinanderzusetzen.

«Vielleicht wird's deutlicher», bemerkte er geduldig, «wenn ich sage, daß ich zwar *mit* dem Kopf, aber bestimmt nicht *auf* dem Kopf laufen kann.»

Bixi pruschte los, obwohl sie Vaters dräuenden Blick auf sich ruhen fühlte, und Thomas protestierte: «Vom Kopf ist ja gar nicht die Rede gewesen.»

Nun fand Vater doch, daß es besser sei, geradewegs auf sein Ziel loszusteuern, statt sich in Debatten zu verstricken, die bei der beklagenswerten Unreife der Zuhörerschaft seiner Sache nicht besonders förderlich zu sein schienen.

«Klar ist davon die Rede gewesen», sagte er darum schon etwas hitziger. «Ich wollte ja drauf raus, daß man nicht bloß mit den Beinen, sondern auch mit dem Kopf laufen muß. Wenn man läuft, verbraucht man Kraft, und der wird mit seiner Kraft am besten auskommen, der sich Gedanken darüber macht, wie er durch eine vernünftige Bewegungs- und Atemökonomie Energie sparen kann.»

In Thomas' Augen sah er so etwas wie einen Funken von Verständnis aufglimmen, und er wandte sich deshalb hoffnungsvoll mit der nächsten Frage direkt an ihn: «Was wird also mit dem sein, der am meisten Energie spart?»

Thomas runzelte die Stirn. «Der bleibt stehen und läuft erst gar nicht los», sagte er.

Jetzt war Vaters Geduldsfaden endgültig gerissen. «Allmächtiger!» brüllte er. «Wodurch hab ich solche Nachkommenschaft verdient!? Der wird Sieger, weil er am ausdauerndsten ist!»

Aber seine Erklärung ging im allgemeinen Gelächter unter, und als Vater sah, daß auch Mutter daran beteiligt war, ließ er sich schließlich auch zu einem verschämten Grinsen herbei. Der theoretische Teil der Sache war damit ein für allemal erledigt.

So also kam's zu unseren allsonnabendlichen Dauerläufen. Natürlich hatte diese Tortur auch ihren Lohn, denn alle ohne Ausnahme endeten in der Konditorei «Waldfrieden», wo Vater jedem von uns zur Aufmöbelung unserer strapazierten Lebensgeister ein Glas Milch und ein Stück Apfelkuchen mit Schlagsahne spendierte. Aber bevor wir es endgültig auf unseren Tellern hatten, sahen wir es viermal im Geiste verführerisch vor uns stehen und wieder entgleiten, denn Vater hatte den Laufkurs zur Erhöhung der pädagogischen Wirkung so angelegt, daß wir viermal an der Konditoreiterrasse vorübermußten. Und auf der Terrasse oder hinter dem ersten Fenster links – je nach Jahreszeit und Wetter – saß nun Mutter und hielt uns unseren Tisch frei, wozu sie ja auch vom Lauf dispensiert war.

Sie winkte uns lächelnd und auch ein klein wenig ängstlich-teilnehmend zu, und diese Teilnahme war es wohl, die Dreas dazu bewog, eines herbstlichen Sonnabendnachmittags zurückzubleiben, als sei ihm ein Stein in den Schuh geraten, und statt nachzulaufen, eine Runde bei Mutter auszusetzen. Als die keuchende Familienschlange wieder in Sicht kam, stellten sie fest, daß Vater viel zu sehr mit Atemholen und ökonomischem Kraftverbrauch beschäftigt gewesen war, um Dreas' Fehlen zu bemerken. Dreas schloß sich wieder an und gab kühn gleich zweien, Peter und Thomas, ein Zeichen, sich unauffällig zu Mutter zu schlagen. Mutter war keineswegs erbaut davon, denn sie tat nicht gerne etwas hinter Vaters Rücken, und außerdem hatte sie das dunkle Gefühl, daß es irgendwie Vaters Autorität Abbruch tat. Immerhin fand sie, daß sich die Kleinen, für die das Laufen doch reichlich anstrengend war, ruhig einmal ausruhen konnten. Als sich aber bei Beginn der dritten Runde die drei andern ebenfalls verkrümelten und Vater ahnungslos allein traben ließen, wurde es ihr doch zu bunt. Sie trieb den energischsten Ton auf, der ihr zu Gebote stand, und wollte uns hinter Vater herscheuchen.

«Geht nicht», sagte Dreas grienend. «Dann merkt er's ja erst recht. Wir müssen warten, bis er wieder rumkommt.»

«Aber wenn er sich umsieht?» fragte Mutter besorgt.

«Ausgeschlossen», sagte diesmal Friedrich. «Tut er nicht. Ökonomie der Kräfte ...» Bedeutungsvoll hob er den Zeigefinger.

Selbst Mutter mußte widerwillig schmunzeln, weil sie wußte, daß unsere Spekulation berechtigt war. Sie gab es also auf und starrte zur Waldecke, wo Vater eben wieder sichtbar wurde: die Arme stramm angewinkelt, mit flatternden Paletotzipfeln, heftig gerötetem Gesicht und blinkenden Brillengläsern, nicht den leisesten Zweifel in seiner Haltung, daß wir uns sämtlich hinter ihm befanden.

Anstandshalber liefen wir die letzte Runde mit – schon um den

Apfelkuchen mit Sahne nicht zu gefährden – und boten uns harmlos seinem prüfenden Blick, als er schweratmend am Ziel stehenblieb und uns wesentlich frischer fand als sich.

Den Apfelkuchen verzehrte er an diesem dämmerigen Nachmittag ein wenig zerstreut, und Mutter wußte gleich, daß etwas nicht stimmte. Sie beugte sich zu ihm und forschte leise: «Ist dir was, Schatz?»

Vater schüttelte zuerst entschieden den Kopf, warf uns dann aber von der Seite einen argwöhnischen Blick zu, und als er uns untereinander beschäftigt fand, rückte er unauffällig Mutter ein wenig näher und sagte bekümmert: «Es muß wohl das Alter sein. Ich war doch ein bißchen aus der Puste. Und als ich dann die Kinder sah . . . als ob sie bei dir gesessen hätten, statt mit mir zu laufen.»

Mutter überlief es heiß, als habe er sie auf einem Schwindel ertappt, und einen Moment lang war sie entschlossen, ihm alles zu sagen. Aber dann sah sie ihn wieder um die Waldecke traben, den Hut aus der Stirn zurückgeschoben, die Brust unter dem Paletot vorgewölbt, im stolzen Gefühl, der nicht vorhandenen Schar hinter sich ein imposantes Vorbild zu bieten, und sie legte leise ihre schmale Hand auf die seine, strich sanft über sie hin und murmelte, das Herz bis zum Rande voll von unausgesprochener Zärtlichkeit: «Das Alter? Ach, Lieber, du bist ja der Jüngste von allen.»

SIEBENTES KAPITEL

Holde Ai–ida . . .

Unten im Küchenschrank gab es einen reichlich zerfledderten Schuhkarton, in dem sich ein Schraubenzieher, ein paar rostige Nägel, ein Hammer, eine uralte, wacklige Fuchsschwanzsäge, ein Stückchen Draht und ähnliche nützliche Dinge befanden und von dem Vater nicht ohne Stolz immer nur als von «seinem Werkzeugkasten» sprach. Wenn irgend etwas in der Wohnung nicht in Ordnung war, hatte er seine Freude dran, es selbst wieder in Schwung zu bringen, jedenfalls bis er sich zum erstenmal kräftig auf den Daumen gehämmert oder von zwei zu Unrecht zusammengebrachten Leitungsenden einen elektrischen Schlag bezogen hatte. Dann war es gewöhnlich mit seinem Enthusiasmus vorbei, und er begab sich mit gesammelter Miene zum Telefon und rief den in Frage kommenden Handwerker an. Aber noch tagelang hinterher verbreitete er sich während der Mahlzeiten über den Segen handwerklicher Geschicklichkeit, und wie bekömmlich es gerade für den geistigen Menschen sei, gelegentlich auch mit den Händen Probleme zu meistern. Wir sahen dabei seinen blauen Daumennagel an und waren nicht übermäßig beeindruckt.

Aber es gab andere Gelegenheiten, bei denen Vater erheblich erfolgreicher war. Ohne ihn hätte Mutter zum Beispiel ihre Tage ausschließlich damit verbracht, ihren Schlüsselbund zu suchen. Er war sozusagen das Zepter ihrer häuslichen Herrschaft, und in seinem klirrenden Rund waren die Schlüssel zu allen Schränken vereinigt, einschließlich des kleinen blauen Gazeschrankes in der Speisekammer, in dem sie Vaters Frühstückswurst vor den Fliegen und uns Kindern verwahrte. Spätestens eine halbe Stunde, nachdem Mutter, für den Tag gerüstet, ihr und Vaters Schlafzimmer verlassen hatte, war der Bund zum erstenmal verschwunden. Wir merkten es daran, daß Mutter verstörten Gesichts durch die Wohnung irrte, murmelnd die Lippen bewegte, ab und zu stehenblieb, verzagte Blicke um sich streute, mit unsicherer Hand eine Zeitung oder ein Kissen hob, es alsogleich wieder fallen ließ und ihren ziellosen Weg wieder aufnahm. Kam sie einem in die Nähe, konnte man zuweilen sogar ihr Gemurmel verstehen. Es hörte sich folgendermaßen an: «Wo hab ich bloß ... Vor 'ner Sekunde war er noch da ... Er muß doch ... Kann mich doch genau erinnern ... Vielleicht hab ich ... Ich weiß ganz bestimmt ...» Fragte man sie in solchen Augenblicken harmlos, ob man ihr bei irgendwas helfen könne, huschte gewöhnlich ein verlorenes Lächeln über ihr Gesicht, während sie einem mit achtloser Zärtlichkeit über den Kopf oder sonst irgendeinen Körperteil fuhr, den sie gerade erwischte, und murmelte: «Nein, nein, laß nur. Ist ja nichts. Wollt nur mal sehen, ob Elsbeth auf dem Frühstückstisch nichts vergessen hat.»

Weil wir sie nämlich schon oft mit ihrem ewig verschwundenen Schlüsselbund aufgezogen hatten, wollte sie nie, daß wir merkten, wenn es wieder mal soweit war, und glaubte in aller Unschuld, uns so hinters Licht führen zu können.

Je mehr sich Vaters Frühstückszeit näherte, desto nervöser wurden ihre Bewegungen und desto aufgeregter ihre Selbstgespräche, denn ohne Schlüssel kam sie ja an die Wurst im Gazeschrank nicht heran, und schließlich überwand sie sich und steckte verlegen den Kopf ins Schlafzimmer, wo Vater gerade auf dem Bettrand saß und sich die Schuhe anzog.

«Na, wieder mal der Schlüsselbund weg?» erkundigte er sich, ohne sich umzudrehen.

Mutters Augenbrauen wanderten erstaunt in die Höhe.

«Woher weißt du denn das?» forschte sie.

«Weil es jeden Morgen passiert», sagte Vater. «Es hat nicht mal mehr den Reiz der Neuigkeit.»

Aber es verschaffte ihm doch immer von neuem das angenehme

Gefühl männlicher Überlegenheit, und er erhob sich, um wieder mal sein detektivisches Meisterstück zu vollbringen. Es bestand darin, daß er aus Mutter herausquetschte, wo sie überall in der Zeit zwischen dem Aufstehen und der Feststellung des Verlustes gewesen war, und dann mit ihr gewichtig die Strecke abging und dabei alles Verschließbare in Augenschein nahm. Im allgemeinen dauerte es keine drei Minuten, bis er die Schlüssel gefunden hatte.

«System ist alles», bemerkte er dazu belehrend. «Wenn man sein Köpfchen anstrengt, hat man's nicht nötig, andere Leute zu fragen. Übrigens – wie steht's mit dem Frühstück?»

Er faßte gewohnheitsmäßig in die Westentasche, in der seine Uhr stecken mußte, und zuckte zusammen. «Hoppla», sagte er, «ich hab vergessen, die Uhr einzustecken.»

Im nächsten Moment war er im Schlafzimmer verschwunden, und gleich darauf war seine aufgeregte Stimme zu vernehmen: «Auf dem Nachttisch liegt sie nicht. Jemand muß sie weggenommen haben.»

Mutter folgte ihm, und als sie Vater auf den Knien liegend und mit hochgerecktem Hosenboden mühselig unters Bett spähen sah, war es, als wüchse sie ein klein wenig. «System ist alles», säuselte sie. «Hast du schon in der Weste nachgesehen, die du gestern getragen hast?»

Vaters rotes Gesicht wurde über der Bettkante sichtbar. Er sah aus, als ob er etwas ganz Bestimmtes zu sagen hätte, aber dann richtete er sich nur auf, klopfte hastig den Staub von den Knien und griff nach der Weste vom Tag zuvor, in der sich wirklich die Uhr befand.

«Wenn man sein Köpfchen anstrengt . . .» bemerkte Mutter leichthin. «Ich weiß», sagte Vater und neigte zerknirscht den Kopf. «Ich hab's wahrhaftig verdient. Aber sag's wenigstens nicht so laut, daß es die Bande nebenan hören kann.»

Er war an diesem Tage während des Frühstücks wortkarger als sonst, und es dauerte eine ganze Weile, bis er mit Hilfe der Wurstplatte seine Lebensgeister wieder aufgefrischt hatte.

In einem Punkt fühlte Vater, daß er all seines Scharfsinns bedurfte, um Unheil zu verhüten, aber gerade in diesem Punkt wußte er nicht recht, wie er es anstellen sollte. Daß es Dreas mit Macht zum Theater zog, hatte er mit Fassung, wenn auch unter Einschaltung von Vorsichtsmaßregeln oder doch wenigstens dem Versuch dazu hingenommen. Aber dann hatte Bixi unbedingt neben der Schule her richtigen Ballettunterricht haben wollen und Vater auch tatsächlich dazu rumgekriegt, nachdem sie vier Wochen lang mit tränenfeuchten Augen bei den Mahlzeiten erschienen war und Anzeichen von unheilbarer Melancholie zu zeigen begann. Und nun hatte Vater in Thomas' Logarithmentafel auch noch Gedichte entdeckt, richtige Gedichte, die sich hinten reimten, wenn ihre herzbewegende Wirkung auch durch eine Menge orthographischer Fehler um eine Idee beeinträchtigt wurde.

«Gedichte in der Logarithmentafel», sagte Vater erschlagen. «Entweder ist der Junge verliebt oder er will womöglich Dichter werden. Nach Dreas und Bixi bin ich aufs Schlimmste gefaßt.»

Mutter sah von dem Riesenloch in Dreas' Socken auf, das sie gerade zu stopfen versuchte. «Ich kann beides nicht so schlimm finden», sagte sie. «Ich möchte nicht wissen, hinter wieviel Dorfmädels du als Junge hergestiefelt bist.»

«Aber doch nicht mit vierzehn», warf Vater teils geschmeichelt, teils entrüstet ein. Und während seine grauen Augen hinter den Brillengläsern im Widerschein der Erinnerung eine leise Winzigkeit zu glänzen begannen, erklärte er: «Und dann haben wir sie auch meistens bloß an den Zöpfen gezogen.»

«Da wär mir ein Gedicht aber lieber gewesen», bemerkte Mutter.

Vater wiegte bedenklich den Kopf. «Das kommt ganz auf den Standpunkt an», sagte er. «Aber das ist ja alles nicht wichtig. Nur ...»

Er rückte näher an Mutter heran und dämpfte die Stimme, als fürchte er, daß das bloße laute Aussprechen schon genügte, um aus einem vagen Verdacht eine fürchterliche Gewißheit zu machen. «Nur würde es mich doch ein bißchen beunruhigen, wenn wir da noch was Künstlerisches in die Familie bekämen. Du weißt ja: Was ein Häkchen werden will, krümmt sich beizeiten.»

Es war nun nicht so, daß Vater prinzipiell etwas gegen «Künstlerisches» hatte – im Gegenteil; es beängstigte ihn nur, daß es in seiner Familie gleich wie eine Epidemie auftrat. Die Künste, das war seine felsenfeste Überzeugung, forderten weit über dem Durchschnitt stehende Leistungen, wenn sie sich nicht als brotlos entpuppen sollten. Wahrscheinlich sah er in seinen Augenblicken des Zweifels Dreas und Bixi schon als Empfänger wässeriger Almosensuppen, und nun schlugen auch noch Thomas' Neigungen einen Kurs ein, der ihn geradewegs zum Hungertuch als künftiger Versorgungsbasis führen mußte. Wenn es wenigstens nicht gerade Gedichte gewesen wären! Gegen Gedichte schienen das Theater und die Tanzerei selbst Ausübenden, die nicht unbedingt himmelstürmende Genies waren, noch halbwegs lukrative Möglichkeiten zu bieten.

Vater wedelte sich mit der ominösen Logarithmentafel kühlende Luft zu und gedachte unwillkürlich der ersten Berührung, die er mit der Welt des Theaters gehabt hatte. Er war noch ein kleiner Steppke gewesen, als man in seinem Dorf eine Komödiantentruppe angekündigt hatte, die im Gasthof das sensationelle Monstrespektakel «Betrug der

Welt oder Durchfahrt durchs Glas» einem verehrlichen Publikum hatte vorführen wollen. Da der Jahreslauf der Bauern und kleinen Häusler an solchen Abwechslungen nicht eben reich war, hatte sich eine recht stattliche zahlende Zuhörerschaft zur festgesetzten Zeit eingefunden und geduldig auf das Aufgehen des Vorhangs geharrt. Als er nach Verlauf einer Stunde noch nicht aufgegangen war und sich auch sonst kein Vorzeichen des versprochenen Genusses erkennen ließ, waren ein paar besonders Ungeduldige unter dem provisorischen Vorhang hindurch auf die Bühne geklettert und hatten dort außer zwei frisch geleerten Biergläsern und einer säuberlich abgenagten Käserinde nichts, aber auch rein gar nichts, und im Raum dahinter ein auf den Garten hinausgehendes, weitgeöffnetes Fenster vorgefunden, das die beiden einzigen in Erscheinung getretenen Truppenmitglieder, der Direktor und der Kassierer, allem Anschein nach zum unauffälligen Aus- und Abtreten mitsamt der Kasse benutzt hatten. Das also war «Betrug der Welt oder Durchfahrt durchs Glas». Man konnte den «Künstlern» nicht einmal vorwerfen, daß sie mit ihren Absichten hinterm Berge gehalten hätten.

Wieder seufzte Vater tief auf. «Ich möchte in drei Teufels Namen wissen», knurrte er, «woher dieser Zug in die Familie gekommen ist. Das Musischste, zu was sich meine Ahnherren meines Wissens je verstiegen haben, ist ein Gerichtsschreiber und Pandektenschnüffler gewesen.»

«Bei uns soll's mal einen Pferdehändler gegeben haben», bemerkte Mutter.

«Auch verdächtig», meinte Vater düster, «wenn auch nicht gerade in puncto lyrischer Belastung.»

Er erhob sich und machte sich mit sorgenvoller Miene daran, den Eßzimmertisch zu umkreisen. Als er dabei zufällig einmal aufsah, entdeckte er, daß Mutter schmunzelte. Er gab sich Haltung und knarrte beleidigt: «Wenn was Komisches an mir ist, laß es mich wissen. Vielleicht reicht's auch noch für 'n Lacher für mich.»

Mutter ließ ihre Stopferei sinken. Sie kannte Vater nur zu gut und wußte, daß er sich gelegentlich mehr Sorgen machte, als ihrer unbeschwerteren Meinung nach nötig war. Wenn sie Thomas nicht ein wenig in Schutz nahm, konnte sein poetischer Schöpferdrang unter Umständen unangenehme Folgen für ihn haben. «Ach», sagte sie und sandte einen reizenden Augenaufschlag in seine Richtung, «mir fiel bloß grade ein, daß du auch mal Gedichte verbrochen hast.»

«Ich?» sagte Vater entsetzt. «Ausgeschlossen!»

Mutter ließ sich auf keine Debatte ein. «Des Mondes Schimmer», rezitierte sie, «fällt in das Zimmer der Liebsten mein . . .» Sie sagte es, als höre sie die Worte in einer fernen und doch nahen Vergangenheit und spreche sie nur nach, und es war ganz und gar kein Spott in ihrer Stimme.

«Du liebe Güte», brummte Vater verlegen. «Kommt mir tatsächlich bekannt vor. Hast du's bestimmt von mir? Dann muß ich's wohl irgendwo abgeschrieben haben.»

Mutter mußte erst aus der Vergangenheit zurückfinden, um mitzukriegen, was er gesagt hatte, aber dann sah sie wirklich gekränkt aus.

«So», sagte sie, «abgeschrieben hast du's? Na, das hätte ich damals wissen sollen.»

«Du wirst doch nicht ernstlich geglaubt haben», protestierte Vater, «daß ich auf die Idee gekommen wäre, selber Verse zu drechseln!?»

«Doch», sagte Mutter steif, «das hab ich ernstlich geglaubt, und ich hab sie sogar schön gefunden.»

Eine gespannte Stille breitete sich aus, und selbst ein zur Befreiung gedachtes Räuspern blieb Vater kratzig im Halse stecken. «Schön?» quetschte er schließlich raus. «Sagtest du schön?»

Mutter nickte energisch. «Ja, schön», sagte sie und kam in Fahrt. «Aber jetzt, wo ich weiß, daß sie gar nicht von dir sind, tut's mir leid, daß ich sie all die Zeit im Gedächtnis behalten habe.»

«Warte mal», legte Vater hastig los, als sähe er sie buchstäblich schon die Verse wie lästiges Unkraut aus ihrem Gedächtnis reißen. «Man soll nie was überstürzen. Es könnte ja sein . . . ich meine, es wäre möglich . . .» Er druckste herum und platzte schließlich reuevoll heraus: «Ach, natürlich hab ich's selber gedichtet. Ich weiß sogar noch, wo . . . in 'ner Vorlesung über Staatsrecht. Ich war sogar mächtig stolz drauf. Aber jetzt . . . hört sich 'n bißchen komisch an . . . Schimmer . . . Zimmer . . . Liebsten mein. Findst du nicht?»

Er sah Mutter ängstlich an, und dann löste sich seine Spannung, als er sah, daß sie lächelnd den Kopf hob. «Ich find's nicht», sagte sie. «Ich weiß nicht, ob es ein gutes Gedicht ist, wenn man's mit dem Versmaß oder so was mißt, aber ich weiß, daß es mir damals viel bedeutet hat, sehr, sehr viel. Ich hätt's für Goethes Gesammelte Werke in Saffianleder mit Golddruck nicht hergegeben.»

«Schatzemann», murmelte Vater hingerissen, «grüne sonnige Weide. Jetzt, wo du's sagst, find ich's auch wieder schön und gar nicht komisch. Ach was, ich hab's überhaupt nie anders als schön empfunden. Ich hab mich bloß 'n bißchen geniert.»

«Und das war ja nicht das einzige», schürte Mutter emsig seine Begeisterung. «Eins hast du mir zur Verlobung geschenkt und eins zum Geburtstag, ‹Moosröschen› hat's geheißen, und dann hast du auch ein

Theaterstück geschrieben . . .»

«Ja, ja», jubilierte Vater, «und die waren auch schön und ganz und gar nicht komisch!»

«Und da wunderst du dich», sagte Mutter und klappte die Falle zu, «woher Thomas das Dichten hat?»

Aus allen Himmeln gerissen, sah Vater sie an. «Ach so», sagte er abgekühlt, und man merkte, daß er nur höchst ungern von seinem verspäteten Triumph über seine dichterischen Glanzleistungen Abschied nahm. «So meinst du das. Na ja, aber ich hatte wenigstens den Anstand, das Geschreibsel hinterher in der Schublade verstauben zu lassen und mir einen anständigen Beruf zu suchen.»

«Und das wird Thomas sicherlich auch tun», schloß Mutter zuversichtlich. «Schließlich kannst du von einem Vierzehnjährigen nicht verlangen, daß er sich schon wie ein Zwanzigjähriger benimmt.»

Dieser Logik konnte sich Vater nicht entziehen, was ihn aber nicht davon abhielt, auch später noch bei günstiger Gelegenheit heimlich in die Logarithmentafel zu spähen. Zu seiner Erleichterung fand er nie etwas. Thomas war inzwischen dazu übergegangen, seine Gedichte unter dem Wäschestapel in seiner Kommode aufzubewahren.

Hätte Vater geahnt, was sich gerade um diese Zeit an «künstlerischem» Betätigungsdrang bei uns zusammenbraute, wäre ihm Mutters Beruhigungspille vermutlich nicht so glatt runtergegangen. An allem war eigentlich Dreas schuld. Er war längst schon in der Schauspielschule, rollte gewaltig das R, kultivierte zu Vaters lebhaftem Mißvergnügen eine wallende Künstlertolle, statierte abends gelegentlich im Deutschen Theater oder in der Oper und erweckte mit Schminkkrusten hinter den Ohren und aufregenden Berichten von den Ereignissen auf und hinter der Bühne unseren Neid und unsere Neugier. Außer Friedrich, der schon zu «erwachsen» war, um seine Wünsche so ungehemmt kundzutun, bedrängten wir ihn alle, er solle dafür sorgen, daß wir auch mal mitmachen könnten. Meistens verschränkte er dann die Arme über der mageren Jünglingsbrust, sah mit einem nicht unbeträchtlichen Aufwand an neuerworbener Mimik verächtlich auf uns hernieder und sagte: «So 'n Blödsinn! Theater ist doch kein Kindergarten.»

Bixi, immerhin schon fünfzehn und mit Formen gesegnet, die man bei Kindergarten-Zöglingen selten findet, streckte ihm wütend die rosige Zunge raus, und Peter bot an, notfalls mit Pluto aufzutreten. «Fürs selbe Geld», sagte er grienend. «Die brauchen nicht mal mehr zu zahlen.»

Denn Geld gab's dafür auch, zwei Mark pro Nase und Abend, und mit zwei Mark konnte man schon allerhand anfangen.

Ob Dreas nun unser dauerndes Gerede auf die Nerven ging oder ob er ganz einfach vor uns mit seinen Beziehungen prunken wollte – jedenfalls teilte er uns eines Abends herablassend mit, daß er Friedrich und Thomas für die Aufführung der «Aida» bei Herrn Neitzel, dem Statisteriechef, unterbringen könne.

«Warum uns nicht?» jammerten Bixi und Peter.

«Weil Mädels schon genug da sind», erwiderte er und fuhr mit einem niederschmetternden Blick für Peter fort, «und weil Wickelkinder nicht verlangt werden. Thomas ist das Äußerste, was beim Triumphzug des Radames als unmündiges Beutegut grade noch mitgeschleppt werden kann. Friedrich wird 'n Krieger machen und Thomas einen Negerknaben.»

«Muß ich da etwa nackig rumlaufen?» erkundigte sich Thomas errötend. Er steckte mitten in einer verschämten Periode, riegelte sich, wenn er badete, seit neuestem ein und verhängte sogar das Schlüsselloch.

«Nicht ganz», beruhigte ihn Dreas. «Außerdem wirst du schwarz angestrichen.»

Soweit war also alles gut, nur mußten wir noch die Frage lösen, wie Thomas unbemerkt aus der Wohnung raus und später wieder reinkommen sollte, denn daß Vater ihm dieses extravagante Abenteuer erlauben würde, war ausgeschlossen. Zum Glück stellte es sich dann heraus, daß die Aufführung auf Vaters und Mutters Hochzeitstag fiel, und bei dieser Gelegenheit gingen die beiden, so gern sie sonst zu Hause blieben, meistens abends festlich aus. Nichts Besseres konnte uns passieren, so dachten wir. Wären wir weniger von dem bevorstehenden großen Ereignis beansprucht gewesen, hätten wir möglicherweise gemerkt, daß sich über uns Gewitterwolken zusammenzogen. Vater hatte nämlich für Mutter und sich Karten für «Aida» besorgt.

Wenn Vater eins nicht ausstehen konnte, dann war das die Notwendigkeit, sich in Kleidungsstücke zu pferchen, die seiner körperlichen Expansion Zwang antaten. Er sah zwar großartig in Frack und weißer Weste oder im Smoking aus, wenn er vor irgendwelchen offiziellen Festlichkeiten, vor denen er sich nicht drücken konnte und Mutters wegen auch nicht drücken wollte, vor uns im Wohnzimmer paradierte, aber der schönste Augenblick des Abends war es wohl doch, wenn er sich wieder den steifen Kragen vom Halse reißen und die Lackstiefeletten unters Bett feuern durfte. Immerhin gab er zu, daß solche «Affenjäckchen», wie er sie nannte, einem festlichen Abend erst den richtigen Stil verliehen, und da es Mutter nun mal Freude machte und der Hochzeitstag so recht eigentlich ihr Festtag war, hatte er sich widerspruchslos in die brettsteif gestärkte Hemdbrust gezwängt und seinen Smoking übergezogen.

So saß er also neben Mutter in der dritten Parkettreihe, seine Hand auf der ihren, wie immer, wenn er glaubte, daß niemand es sähe, und während ihn das Vorspiel zum zweiten Akt umrauschte, gedachte er mit leiser Rührung jenes Tages vor zwanzig Jahren, an dem er mit wankender Stimme, die aus einer beängstigend eingeschnürten Kehle gekommen war, sein «Ja» produziert hatte. Wie folgenschwer sich dieses Wörtlein doch erwiesen hatte: letzten Endes waren zwei Jahrzehnte nie auch nur von einem streifenden Schatten getrübten Glücks und fünf muntere Rangen ihm zu verdanken.

Der Gedanke an das «Gemüse» ließ ihn, als der Vorhang gerade aufging, sich zu Mutter hinüberneigen. «Findst du nicht», flüsterte er, «daß es mal hübsch ist, ganz allein zu sein – ich meine, wieder wie damals . . . als ob die Kinder auf einem andern Planeten wären.»

Mutter lächelte, legte mahnend einen Finger auf die Lippen, und dann richtete sie ihr Theaterglas auf die Bühne, wo eben einer der Wachen oben auf der Stadtmauer unprogrammäßig der Speer entfallen und mit Gepolter auf dem Bühnenboden gelandet war.

Sie sah zu dem Ungeschickten hinauf, reichte darauf Vater das Glas und wisperte: «Guck, man kann bis auf den andern Planeten sehen.»

«Wieso?» wisperte Vater verdutzt zurück, aber da hatte er, Mutters Fingerzeig folgend, das Ziel schon im Blick. «Donnerwetter», murmelte er entrüstet, «der trottelige Ägypter da, der so blöde hinter seinem Spieß herglotzt, ist zwar von oben bis unten braun angepinselt, aber ich wette meinen Borsalino gegen einen uralten Hut, wenn der Kerl nicht Dreas ist.»

Dreas sah in diesem Augenblick wirklich nicht sehr geistreich aus. Der Schreck über die Entdeckung, daß Vater und Mutter im Parkett unten saßen, hatte ihn seinen Speer und aller Voraussicht nach auch die weitere Geneigtheit Herrn Neitzels gekostet, aber das letztere war ihm im Moment ganz egal; in kritischen Lagen kam zuerst die Familie und danach erst das private Interesse. Herr Neitzel stand jetzt gegenüber in der Kulisse und gestikulierte wütend zu ihm hinauf. An ihm vorbei ergoß sich der Triumphzug des Radames auf die Bühne, und in ihm wandelten ahnungslos Friedrich und Thomas, Vater direkt vors Opernglas. Die einzige Hoffnung bestand darin, daß sie sich unauffällig genug benahmen, um Vaters Aufmerksamkeit zu entgehen.

Aber schon der nächste Moment machte ihm klar, daß diese Hoffnung lächerlich war. Der Garderobier hatte Friedrich in einen Brustpanzer gesteckt und ihm einen Helm über den Kopf gestülpt, dessen

Visier hochgeschlagen war. Irgendein tückischer Zufall brachte es zuwege, daß das Visier herunterklappte, als der Zug gerade in der Mitte der Bühne angelangt war und in einem weiten Halbkreis zur anderen Seite schwenkte. Friedrich bekam den Bogen nicht mit – er brachte das Visier nicht wieder auf, und durch die schmalen Sehschlitze konnte er so gut wie nichts erkennen – und marschierte daher mutterseelenallein, doch unverzagt geradeaus weiter, schnurgerade auf die Rampe los. Kein Mensch wäre auf den Gedanken verfallen, daß er nur durch ein gräßliches Mißgeschick dorthin geraten war. Jeder erwartete, daß er in der nächsten Sekunde irgend etwas Bedeutendes tun, mindestens jedoch eine Arie loslassen würde.

Dicht vor der Rampe mußte er dann aber doch Wind davon bekommen haben, daß er in gefährliche Nähe des Orchesterabgrunds geraten war – jedenfalls blieb er unsicher stehen und drehte den behelmten Kopf hin und her, um herauszufinden, wo die andern abgeblieben waren. Es war der gleiche Moment, in dem Vater Mutter befriedigt zuraunte, daß er nicht erwartet habe, in seinem Leben noch jemals einem Opernsänger zu begegnen, der nicht wie ein an Fettsucht leidender Hotelkoch aussähe. «Nanu?» fuhr er überrascht fort. «Was hat er denn jetzt?»

Friedrich war in seiner prekären und wahrhaft unübersichtlichen Lage inzwischen zu dem Eindruck gelangt, daß etwas Entscheidendes geschehen müsse, und schwankte verzweifelt zwischen dem Sprung ins Orchester, der ihm vielleicht ein paar Knochenbrüche eintragen, ihn aber jedenfalls allen weiteren Verlegenheiten entheben würde, und dem Entschluß, sich da, wo er stand, einfach den ganzen Helm runterzuzerren, da das Visier ja doch nicht zu lockern war. Das letztere schien ihm dann doch das beste, und so sah Vater unvermutet das bleiche, verstörte Gesicht seines zweiten Sohnes über dem Brustpanzer auftauchen.

«Alle Wetter!» stieß er verdutzt hervor und ließ das Glas wie hypnotisiert dem eiligst retirierenden Krieger zum Zuge hin folgen. «Jetzt fehlt bloß noch, daß . . .»

Aber da brach er auch schon ab, denn was ihm nun ins Okular geriet, benahm ihm den Atem. Im letzten Teil des Triumphzuges wankte ein in ein schlotterndes Leopardenfell gegürtetes Negerlein unter der Last eines mächtigen Elefantenzahns, der wahrscheinlich aus Pappmaché, nach dem exzessiven mimischen Gehabe des Knäbleins aber wenigstens aus schierem Blei bestand. Doch das war es nicht, was Vaters Aufmerksamkeit urplötzlich festhielt, es war etwas anderes: der himmelschreiende Anachronismus einer stahlumränderten Brille, die dem Knaben, beim Auftritt offenbar übersehen, grotesk auf der schwarzen

Nase saß – einer Nase, die er nun, da er genauer hinsah, ebenso wie die Brille als Zubehör seines dritten Sohnes Thomas erkannte.

«Allmächtiger Strohsack», ächzte er, schloß die Augen und ließ das Opernglas sinken.

«Was ist denn?» fragte Mutter entgeistert.

«Entweder», ließ sich Vater heiser vernehmen, «sind bei mir Halluzinationen ausgebrochen, und ich werd gleich noch weiße Mäuse sehen. Oder ich gehe als armer Mann hier raus, weil mir die Oper garantiert einen Schadensersatzprozeß wegen Geschäftsschädigung an den Hals hängen wird. Und die Augen behalt ich lieber gleich zu, weil ich nicht sicher bin, ob da oben nicht auch noch Bixi und Peter Unfug treiben.»

Er behielt die Augen wirklich bis zum Aktschluß zu, aber kaum daß das Licht zur Pause anging, drängte er sich, Mutter mit sich ziehend, aus der Reihe und stürzte, nachdem er sie im Foyer deponiert hatte, eilends zum nächsten Bühnentürchen.

Der erste Mensch, auf den er stieß, war der Statisteriechef, Herr Neitzel. Der alte Mime hockte auf einem Versatzstück und sah wie jemand aus, der Schweres hinter sich hat. «Sie wünschen?» erkundigte er sich mit schwacher Stimme.

«Ich möchte zu den Statistengarderoben», erklärte Vater. «Mein Name ist Keller.»

Herrn Neitzels schlecht rasierte Kinnlade sank jäh herab, während er Vater sprachlos anstarrte. Dann schlug er dramatisch die Hände vors Gesicht, als sei da etwas unbeschreiblich Entsetzliches, das er auf keinen Fall sehen wolle, und wimmerte: «Nein, nicht das! Nicht noch einen von der Sorte! Schonen Sie mich und sagen Sie nicht, daß Sie hier auch noch statieren wollen.»

«Seien Sie nicht albern», bemerkte Vater würdevoll. «Ich bin lediglich hergekommen, um meine Söhne abzuholen.»

«Großartig», sagte Herr Neitzel und hob, wieder auflebend, die Augen über die sinkenden Hände. «Eine wunderbare Idee. Die wunderbarste Idee der Welt! Tun Sie mir nur den einen Gefallen und vergessen Sie keinen.»

Vater maß ihn mit einem kühlen Blick. Er hatte das Gefühl, daß das Verhalten des Herrn allmählich die Ehre der Familie antaste. «Finden Sie nicht, daß Sie ein wenig übertreiben?» fragte er abweisend.

«Mag sein», sagte Herr Neitzel, zu jedem Zugeständnis bereit, nur um Vater nicht in seiner Absicht irrezumachen. «Aber beachten Sie bitte, werter Herr, durch welche Hölle ich heute abend dank Ihrer Söhne gegangen bin.»

«Du liebes bißchen», bemerkte Vater. «Ein einziger Abend. Was soll ich da erst sagen! Ich habe das Vergnügen jahraus, jahrein.»

Der alte Mime nickte in scheinheiliger Bewunderung. «Meinen Respekt, mein Herr, mein tiefstes Mitgefühl. Aber nun ...» Er raffte sich auf und drängte Vater mit zitternden Händen hastig weiter, an der Außenseite des riesigen Rundhorizontes entlang. «Aber nun vergessen Sie bitte Ihr Vorhaben nicht. Ich will Sie nicht aufhalten, um keinen Preis. Dort durch die Tür und dann über die Treppe nach oben ... und ...» flehend hallte es Vater nach, «... bitte, bitte, vergessen Sie keinen!»

Vater und Mutter schenkten sich den Rest der Oper – Vater meinte in grimmiger Ironie, da seine Söhne nicht mehr mitmachten, gäbe es doch nichts Lohnendes mehr zu sehen –, und wir zogen gemeinsam, sie voraus und wir betreten hinterher, in ein Weinlokal in der Nähe. Nachdem Vater beim Ober seine Bestellung aufgegeben hatte, taute er ein wenig auf, aber die Blicke, die uns zuweilen streiften, waren noch immer ziemlich eisig.

«So was muß mir passieren», brummte er zwischendurch, «daß meine Söhne mit Schimpf und Schande aus der Oper geworfen werden.»

«Ich find's nicht so schlimm», sagte Mutter, fest entschlossen, «ihren» Abend zu retten. «Ich find's komisch. Denk doch bloß: jemand mit 'ner Brille am Hofe irgend so eines alten Ägypterkönigs.»

«Na ja», sagte Vater, schwach grinsend, «aber das mit dem Visier war doch noch besser.» Und merklich angewärmt, fuhr er kichernd fort: «Wie er da vorne stand, und ich dachte, er wollte 'ne Arie singen.»

Die Erinnerung steigerte das Kichern zum glucksenden Gelächter. Den nächsten Satz brachte er nur noch stoßweise raus: «Und wie Dreas blöde hinter dem Spieß herglotzte!»

«Und wie du dachtest», fiel Mutter ein, «du würdest gleich weiße Mäuse sehen!»

«Ha, ha, ha, ha!» machte Vater, dann brach er ab und warf Mutter einen vorwurfsvollen Blick zu. Er fand es unzart, von ihr vor den Kindern an diesen düstersten Augenblick des Abends erinnert zu werden. «Na ja», brummte er, «na ja, hast recht. Komisch war's doch. Vor allem, als ich mit diesem Kerl hinter der Bühne sprach, der bloß Angst hatte, daß ich einen von euch dalassen könnte.»

Seine Heiterkeit blühte von neuem auf. Während er sich das Essen schmecken ließ, fing er an, uns die Szene mit Herrn Neitzel vorzuspielen, und als wir endlich im Taxi saßen und heimwärts fuhren, mußte sich Vater die Lachtränen aus den Augen wischen.

«Nein», ächzte er, «so hab ich mich lange nicht amüsiert. Das soll uns eine Lehre sein, Grete. Kinder haben nichts auf anderen Planeten zu suchen. Gerade am Hochzeitstag sollten sie bei den Eltern sein – als fleischgewordene Zeugen ihres Glücks. Oder bist du anderer Ansicht?»

Mutter war es ganz entschieden; so hatte sie es nun doch nicht gemeint.

«Ich bin's», erwiderte sie darum fest. «Ich finde, daß die fleischgewordenen Zeugen, wenn du diesen indezenten Ausdruck schon gebrauchst, ruhig einmal ihren geplagten Eltern einen Abend Urlaub geben sollten, damit sie sich wieder einmal für ein paar Stunden so fühlen könnten wie damals, als ihr Glück noch weniger greifbar, aber auf seine Art auch nicht übel war.»

«Auch wieder richtig», sagte Vater und zuckte die Achseln. «Verzeih, mein Schatz, daß ich einen Moment die primären Rechte der Ehefrau auf diesen Tag vergessen habe.»

Drauf ließ er halten, drückte Dreas einen Geldschein in die Hand und fügte hinzu: «So, ihr fahrt allein nach Hause. Mutter und ich machen noch einen kleinen Mondscheinspaziergang.»

Es nieselte zwar nicht wenig, und von Mondschein war keine Rede, aber wie wir durchs Rückfenster des Taxi feststellen konnten, focht das die beiden nicht im mindesten an.

ACHTES KAPITEL

Die Schule ist zum Lernen da

Außer mit gelegentlichen Sticheleien und Witzen bei Tisch kam Vater nicht mehr auf unser Operndebüt zurück, und erst als uns Onkel Leopold ein paar Wochen später damit aufzog, entdeckten wir, daß er die ganze Geschichte, weidlich ausgeschmückt, in das Repertoire von Anekdoten, Histörchen und Schwänken aufgenommen hatte, mit dem er bei geselligen Gelegenheiten gern glänzte. Er erzählte wirklich gut, und nur Mutter war gegen das Glänzen völlig immun, weil sie fast alle seine Geschichten schon auswendig konnte. Denn wenn sich bei Vater einmal so eine Geschichte bewährt hatte, entließ er sie ungern aus seinem Repertoire und entschuldigte sich lieber später bei Mutter, als daß er sie ihretwegen aufgab.

«Ich nehme an», pflegte er reumütig zu sagen, «daß du dich wieder mal scheußlich gelangweilt hast, aber wenigstens zwei von den andern kannten sie noch nicht, und da ist es eben mit mir durchgegangen. Und wo steht außerdem geschrieben», fügte er grinsend hinzu, «daß eine Ehe nur Sonnenseiten haben soll?»

Aber irgendwie mußte die Operngeschichte dann doch in dem Sinne weitergewirkt haben, daß Vater die Verpflichtung fühlte, sich wieder einmal intensiver mit uns und unserem Fortkommen zu beschäftigen. Er war zwar der Ansicht, daß man von einem gewissen Alter an die Kinder so selbständig wie nur möglich herumwirtschaften lassen sollte, damit sie sich desto besser auf die Entscheidungen des Erwachsenseins vorbereiteten, aber zuweilen schoß diese Eigenständigkeit, wie es die Sache mit der Oper bewies, doch allzu üppig ins Kraut, und Vater mußte seine freizügigen Ansichten wieder einmal vorübergehend revidieren. Meistens erschien er dann überraschend in unseren jeweiligen Schulen, ließ sich von unseren Klassenlehrern über den Stand unseres wissenschaftlichen Fortschritts berichten und führte daraufhin, je nachdem wie diese Besuche ausgefallen waren, zu Hause Änderungen ein, die unsere Arbeitsdisziplin stärken sollten. In schlimmen Fällen wurde sogar für einige Zeit ein bedürftiger und sachkundiger Student ins Haus bestellt, um unsere Schulaufgaben zu überwachen.

Diesmal begann Vater seine Besuche in Thomas' Schule, und zwar gerade an einem Tage, an dem Thomas wohl pünktlich und mit allen Schulutensilien versehen aus dem Hause gegangen war, aber hinter der nächsten Ecke eine andere Richtung eingeschlagen hatte. Das konnte drei Gründe bei ihm haben, die häufig miteinander abwechselten. Entweder fiel irgendein unangenehmes Unterrichtsereignis auf den betreffenden Tag, eine Mathematik- oder Physikarbeit zum Beispiel, oder er las gerade ein interessantes Buch, in dessen Genuß er sich nicht durch das triviale Geschwätz der Lehrer unterbrechen lassen wollte, oder er hatte die Schule ganz einfach mal über und verspürte den Drang, das Leben an seinen Quellen zu studieren. Wenn er lesen wollte, fuhr er mit der dampfenden Ringbahn für dreißig Pfennig zweiter Klasse einfach zweimal um den Ring rum, was mit dem nötigen Zugwechsel am Potsdamer Ringbahnhof gerade die fünf Stunden Schulzeit ausmachte. Und wenn es ihn zu den Quellen des Lebens zog, stieg er am Alexanderplatz aus und begab sich klopfenden Herzens in die exotisch-fremde Welt der Münzstraße, wo Kinos schon von zehn Uhr morgens an spielten und der Kontrolleur am Eingang großzügig die Tatsache übersah, daß er noch nicht achtzehn war. Er band sich zwar vorsorglich stets einen von Vaters ihm viel zu weiten Kragen um, um mehr männliche Würde auszustrahlen, wenn er so etwas vorhatte, aber bei andern Kinos war er damit seiner Wirkung nie sicher, während es ihm in der Münzstraße noch nie passiert war, daß ihn jemand trotzdem tückischerweise nach seinem Geburtsdatum gefragt hatte.

An diesem Tage nun hatte er Felix Dahns «Kampf um Rom» vorgehabt und kehrte im Hochgefühl, einen angenehm aufregenden Vormittag verbracht zu haben, nach Hause zurück, wo er im Wohnzimmer auf Vater stieß.

Vater fand es unfair, jemand damit, daß man etwas wußte, was dem andern noch unbekannt war, in Schwindeleien hineinzumanövrieren, und ließ darum gleich die Katze aus dem Sack.

«Ich war heute bei dir in der Schule», verkündete er.

«Oh!» murmelte Thomas.

«Wär mir lieber gewesen», fuhr Vater fort, «du hättest mir vorher was gesagt. Man steht ziemlich albern da, wenn einen der Klassenlehrer nach dem Befinden des Sohnes fragt, den man kurz zuvor noch mit bestem Appetit hat frühstücken sehen.»

«Kann ich mir vorstellen», pflichtete ihm Thomas verständnisvoll bei.

Vater sah ihn nachdenklich an, und Thomas wurde es unter der Jacke heiß.

«Ist wohl letzthin ziemlich häufig vorgekommen?» erkundigte sich Vater weiter.

«Es geht», gestand Thomas, der sich kein rechtes Bild machen konnte, wieviel Vater wußte und wieviel er darum unbedingt zugeben mußte, diplomatisch. «'n paarmal. Ist nicht so schlimm.»

«Hm ...» Vater betrachtete seine Fingernägel. «Findst du's eigentlich richtig? Ich meine, die Schule ist schließlich dazu da, daß ihr was drin lernt. Beim Schwänzen schadet ihr euch nur selbst.»

Thomas enthielt sich in diesem Punkte der Stimme. Vater schwieg einen Augenblick, dann erweckte sein Gesicht den Eindruck, als sei ihm unversehens von irgendwoher ein hübscher Einfall zugeflogen.

«Weißt du», sagte er, «ich hab's ziemlich nötig, mir ein bißchen körperliche Bewegung zu machen. Ich werd dich in den nächsten Tagen morgens einfach bis in die Schule bringen.»

«Reizend», wehrte Thomas erschrocken ab, «aber das ist doch wirklich überflüssig, wo du doch schon so viel zu tun hast.»

Aber Vater ließ keine Einwände gelten. «Na, nun hör mal», sagte er freundlich tadelnd. «Das wär ja noch schöner, wenn mir nicht mal Zeit bliebe, mit meinen Söhnen spazierenzugehen ...»

Es blieb also dabei, und am nächsten Morgen machten sich Vater und Thomas gemeinsam zum Schillerrealgymnasium auf den Weg. Thomas sah ein wenig bedrückt aus, denn zu allem Unglück war an diesem Tage auch noch eine Mathematikarbeit fällig, aber Vater verbreitete eitel Wohlwollen um sich. Über das, was sie während des «Spaziergangs» plauderten, ist leider nichts überliefert worden; nur soviel ist bekannt, daß Vater weitaus den Hauptteil des Gesprächs bestritt.

In Sichtweite des Schultors blieben sie stehen, und Vater reichte

Thomas die Hand. «Na, dann lauf mal», sagte er. «Ganz bis hin brauch ich dich ja wohl nicht zu bringen.»

Thomas sah unschuldig zu ihm auf. «Besser nicht», meinte er. «Die andern könnten denken, ich fände nicht alleine rein.»

Nachdenklich sah Vater hinter ihm her, dann drehte er sich um, rückte den Hut ein wenig aus der Stirn und trat den Heimweg an.

Er hatte das erbauliche Gefühl, Thomas richtig behandelt zu haben.

Nach drei Schritten entdeckte er, daß das Wetter eigentlich viel zu angenehm war, um auf schnellstem Wege dem nächsten U-Bahnhof vor der Oper zuzustreben. Kurz entschlossen entschied er sich also für den weiteren zur Stadtbahn, überquerte den Fahrdamm der Straße, in der weiter hinten das Realgymnasium lag, warf, als er auf der andern Seite angelangt war, noch einen zufälligen Blick auf das rote Ziegelgebäude – und erspähte Thomas, der eben aus dem dunklen Torbogen des Hauses neben der Schule auftauchte und nach einem vorsichtigen Rundblick gleichfalls die Straße überquerte.

Vaters Hochgefühl sank beträchtlich in sich zusammen, und jäh spürte er die Neigung zu handfesteren Erziehungsmethoden in sich aufkeimen. Immerhin beherrschte er sich soweit, daß er sich zunächst schleunigst in den erstbesten Laden zurückzog, um Thomas nicht sofort ins Auge zu fallen. Es war ein Konfitürengeschäft, und während er hinter einer Pyramide von Kekspackungen hervor durch das Schaufenster lugte und den ahnungslosen Thomas vorbeiwandern sah, ließ er sich, um sein Dasein zu rechtfertigen, eine Halb-Pfund-Packung Kremhütchen einwickeln. Im nächsten Augenblick war es ihm schon wieder entfallen, und das Aufsehen, das die Verkäuferin machte, als sie aufgeregt hinter ihrem flüchtigen Kunden her auf die Straße wetzte, kam ihm in diesem Augenblick mehr als ungelegen. Zum Glück war Thomas weit genug voraus, um nichts davon zu hören, und das einzig Ärgerliche war, daß Vater in der Eile schweren Herzens auf das Wechselgeld für seinen Zehnmarkschein verzichten mußte, um ihn nicht aus den Augen zu verlieren.

Thomas unbeschwert voraus und Vater schwitzend hinterher, so langten sie schließlich am Bahnhof an, und in der gleichen Reihenfolge drängelten sie sich auch in zwei verschiedene Stadtbahnwagen. Nun gehört Vater nicht zu den Leuten, die sich gerne auffällig benehmen, aber diesmal war's ihm ziemlich gleich, was die andern im Abteil von ihm dachten, wenn er bei jeder Station mit einer gemurmelten Entschuldigung über ihre Füße zur Tür stürzte und das Fenster runterließ, um nachzusehen, ob Thomas etwa ausstieg. Um ganz sicher zu gehen, wiederholte er die Prozedur auch noch auf der vom Bahnsteig abgekehrten Seite, und schließlich begannen sich die Mitfahrer mit scheuen Seitenblicken aus dem Abteil zu verkrümeln – zuerst nur einer oder zwei und auf der nächsten Station der Rest.

Auf dem Bahnhof Alexanderplatz wurde Vaters Geduld endlich belohnt. Er sah Thomas' blonden Schopf auf der Treppe nach unten verschwinden und heftete sich spornstreichs an seine Fersen. Später erzählte er uns, er sei sich dabei wie einer von den Detektiven aus den Groschenheftchen vorgekommen, die er aus unseren Schulmappen zu konfiszieren und hinterher hinter verriegelten Türen selber zu lesen pflegte, und bestimmt war's auch so. Thomas blieb immer wieder vor Schaufenstern stehen oder sah sich mal um, und jedesmal mußte Vater seine zwei Zentner schleunigst irgendwie unsichtbar machen. Er hatte sich's nun mal in den Kopf gesetzt herauszukriegen, warum Thomas die Schule schwänzte. Was ihn dabei wohl am meisten an die Schmökerdetektive erinnerte, war, daß er sein einseitiges Versteckspiel in einer Gegend betrieb, in der sich diese Herren sicher auch wie zu Hause vorgekommen wären, wenn sie nur ihre Nasen jemals aus Soho oder Whitechapel herausgesteckt hätten: in der Münzstraße nämlich.

Kneipen, Pfandleihen, Ramschläden und alle möglichen zweifelhaften Lokale reihten sich in der schmuddeligen, menschenerfüllten Straße bunt aneinander, und Vaters Besorgnis in bezug auf Thomas' Ziel begann schon ins Ungemessene zu wachsen, als er ihn endlich in einem Kino verschwinden sah. Über dem Eingang kündigte ein blutrünstiges Plakat einen Wildwestfilm an, ein Orchestrion verströmte ohrenbetäubende Töne, im Kassenverschlag thronte eine dicke Frau, die beim Stricken lautlos die vorgewölbten Lippen bewegte, und neben dem grünverschossenen Filzvorhang, der den Zugang ins Innere verdeckte, lehnte ein pomadisierter Jüngling, bei dessen bloßem Anblick Vaters Hand unwillkürlich suchend nach der Brieftasche fuhr.

Er ließ die Hand vorsichtshalber gleich da, während er durch einen kurzen Flur und den dunklen Zuschauerraum zu seinem Klappstuhl tastete, fand ihn, nachdem er sich zweimal das Schienbein gestoßen hatte, und ließ sich dankbar aufseufzend nieder. Über ihm flimmerte aus dem Hintergrund des schmalen, länglichen Raums der staubige Lichtstrahl, der die abenteuerlichen Vorgänge des Films auf die Leinwand warf, und in den Stuhlreihen vor ihm hoben sich hier und da dunkle, zuweilen eng verschlungene Umrisse ab, von denen aber keiner nach Thomas aussah.

Vorne rumpelte, von verstimmtem Klaviergelärm begleitet, eben eine altmodische Wildwest-Postkutsche hinter vier Pferden über eine sandige Ebene, dann wechselte der Schauplatz abrupt in das Gefährt hinein. Eine junge blonde Unschuld war zu sehen, die unter ihrem Pleureusenhut hervor nach allen Seiten verschüchterte Blicke warf, und gleich daneben die Visage eines unwahrscheinlich bösewichtigen Burschen mit diabolisch gesträubten Augenbrauen und einem üppigen schwarzen Schnauzbart. Er leckte sich unappetitlich die Lippen, rollte die Augen und warf dem bedauernswerten Mädchen einen so lüsternen Blick zu, daß niemand verborgen bleiben konnte, was dem armen Ding blühte. Dann kam ein verwaschener Text: «Ludmilla verspürte die furchtbare Gefahr, die über ihrem unschuldigen Haupte schwebte.»

Vater hielt das bei dem mimischen Aufwand, den der Schurke trieb, eigentlich nicht für besonders erwähnenswert – ein Blinder hätte es sehen müssen –, aber es gelang ihm trotz dieses kritischen Vorbehalts nicht, sich von dem Geschehen auf der Leinwand zu distanzieren. Er fand den Kerl mit dem Schnauzbart scheußlich, und wenn das Mädchen auch nicht gerade sein Typ war, ging es schließlich nicht an, daß so ein Kerl, dem die finsteren Absichten deutlich auf den abstehenden Ohren geschrieben standen, mir nichts, dir nichts sein Mütchen an der schutzlosen Ludmilla kühlte. Vater war immer Kavalier, und hier in der Dunkelheit des Kintopps, wo er ganz losgelöst von seiner sonstigen Umwelt saß und niemand ihn sehen konnte, kam überdies wieder der idealistische Jüngling zum Vorschein, dessen Konfirmationshosen er längst ausgewachsen hatte. So saß er plötzlich höchstpersönlich auf dem schnaubenden Mustang des hinter der Kutsche herpreschenden Retters, steckte seine Nase in die flatternde Mähne, und als der schnauzbärtige Widerling in der Kutsche die Biedermannsmaske fallen ließ, mit einer gewaltigen Pistole rückwärts rauszuballern begann und mit der zweiten die bibbernde Ludmilla und den Kutscher auf dem Bock in Schach hielt, schwang Vater unerschrocken den Lasso, wirbelte ihn kunstfertig durch die Luft und zog den Kerl am Adamsapfel aus dem Kaleschengehäuse.

«Au Backe!» seufzte jemand neben Vater beglückt auf und lieferte damit gleichsam das Echo für Vaters eigene Gefühle. Gleich darauf, nach einem endlosen Kuß, den das spärliche Publikum mit genußvollem Schnalzen begleitete, dämmerten die kümmerlichen Leuchten an der Seitenwand auf, und der trübe Schein enthüllte in der schattenhaften Figur neben ihm Thomas.

«Au Backe!» sagte Thomas zum zweitenmal, aber diesmal ohne Beglückung. «Wie kommst du denn hierher?»

Vater war überrascht, aber er ließ es sich nicht anmerken. «Dreimal darfst du raten», sagte er. «Wenn du's dann noch nicht weißt, bin ich mit Raten dran. Aber das machen wir draußen. Komm.»

Er stand auf und steuerte auf den Ausgang zu, Thomas in vorsichtigem Abstand hinterher. Er fand die Situation denkbar peinlich, und obwohl Vater sie merkwürdig leicht zu nehmen schien, fühlte er sich gar nicht wohl in seiner Haut. Eins stand jedenfalls fest: zu vertuschen gab's nichts mehr, und deshalb war es besser, Vater nicht durch überflüssige Flausen zu reizen.

«Es war bloß wegen der Mathearbeit», bekannte er darum kleinlaut.

«So, so», sagte Vater und schlug die Richtung zum Alexanderplatz ein. «Hast wohl für Mathematik nicht viel übrig?»

«Nicht besonders», murmelte Thomas.

«Hatt ich auch nicht», fuhr Vater fort, «jedenfalls solange ich keinen Schimmer hatte, wie interessant es war.»

Sein schweifender Blick blieb an einem Schaufenster hängen, hinter dem in einem Glaskasten Bouletten, Gurken und Bockwürste aufgereiht waren. Er hatte in der Eile am Morgen für seine Verhältnisse nur schwach gefrühstückt, der appetitliche Anblick erinnerte ihn an das leere Gefühl in seinem Magen, und ganz automatisch nahmen seine Füße Kurs auf die Kneipe. Es war ein schäbiges Lokal mit ein paar gescheuerten Holztischen, Schnapsreklamen an den Wänden und verschiedenen vergilbten Vereinsfotografien hinter Glas und Rahmen, auf denen, säuberlich aufgebaut, reihenweise stämmige Herren mit herausfordernden Mienen, lanzenartig aufgezwirbelten Schnurrbartspitzen und dicken Uhrketten über der Weste zu sehen waren. Von seinem Platz hinter der mäßig polierten Theke aus hielt der Wirt schläfrig zwei Burschen im Auge, die in der Ecke Billard spielten.

Vater bestellte vier Bouletten – drei für sich und eine für Thomas –, ein paar Scheiben Brot, Senf und ein Glas Bier, und nachdem alles vor ihm stand und er den ersten Bissen hinunter hatte, konnte das Gespräch seinen Fortgang nehmen. Vater hatte kurz vorher ein Buch über moderne Erziehungspsychologie gelesen, und wenn es ihm auch keine neuen Einsichten vermittelt hatte – «Was da steht, weiß ich schon seit zwanzig Jahren», hatte er nach der Lektüre Mutter mißfällig berichtet, «es ist einfach gesunder Menschenverstand!» –, war er doch noch mehr darin bestärkt worden, in den Beziehungen zu seinen Sprößlingen nur eitel Vernunft walten zu lassen. Strafen war albern; man mußte sie mit Logik, Wahrhaftigkeit und Güte von ihrem Unrecht überzeugen.

So löblicher Gedanken voll, ließ er wohlwollend seinen Blick auf Thomas ruhen, der eben ein tüchtiges, mit einem kleinen Berg Senf behäufeltes Stück Boulette in den Mund stopfte.

«Wie gesagt», hob er an, «als ich richtig dahintergekommen war, was es so mit Mathematik auf sich hatte, hab ich die Mathematikstunden gar nicht mehr abwarten können. Aber dazu muß man sich natürlich erst mal ordentlich dahinterklemmen.»

Thomas wischte bedächtig mit der Brotkante einen Rest Senf vom Teller und bemerkte beiläufig: «Mutter hat aber gesagt, du wärst in Mathe auch bloß man sehr mittelprächtig gewesen.»

«Ich?» Vater wollte aufbrausen, besann sich aber rechtzeitig auf die moderne Erziehungspsychologie. Außerdem hatte Mutter, genau genommen, recht, aber er begann doch leise zu zweifeln, ob man mit unbeschränkter Wahrhaftigkeit wirklich bei der Erziehung weiterkam. Schließlich konnte man beim besten Willen niemand von der Nützlichkeit und den Freuden des Wurzelziehens und dergleichen überzeugen, wenn man ihm gleich aufs Butterbrot schmierte, daß man selbst in diesen Dingen auch gerade keine Leuchte gewesen war und es trotzdem im Leben zu etwas gebracht hatte. Auf jeden Fall nahm sich Vater vor, mit Mutter ernstlich zu reden.

«Da hat Mutter einen Scherz machen wollen», bemerkte er ziemlich lahm.

«Weiß ich nicht», sagte Thomas zweifelnd. «Hat sich nicht so angehört. Ich wette, du kannst keine von den Aufgaben, die bestimmt heute bei der Arbeit dran waren.»

«Na, na», sagte Vater, und dabei fingen ihm die Ohren zu kribbeln an wie immer, wenn er früher bei einer Prüfung mit einem Problem konfrontiert worden war, von dem er nur nebelhafte Vorstellungen hatte. «Was ... ich meine, was wird denn da so drangekommen sein?»

Thomas bekam immer mehr Oberwasser. «Ich werd mal vorsichtshalber mit 'ner leichteren anfangen. Beweis mal den Lehrsatz von den Monden des Hippokrates.»

Das Kribbeln verstärkte sich, und Vater versuchte, mit einer halben Boulette und einem tüchtigen Schluck Bier das Gefühl jammervoller Ahnungslosigkeit zu bekämpfen, das ihn plötzlich befiel.

«Monde des Hippokrates», murmelte er kauend. «Warte mal ...»

Er hatte von einer Menge von Monden gehört, von Halbmonden, Vollmonden, von den Monden des Jupiter, vom Mann im Mond, aber die Monde des Hippokrates ... Nicht das winzigste Fünkchen wollte in der Rabenschwärze seiner Unwissenheit glimmend in Erscheinung treten. Oder etwa doch? Hippokrates ...? Langsam dämmerte von weither etwas auf, zuerst spinnwebzart und geradezu quälend ungreifbar und mit einem Male doch nahe genug, um es an einem Zipfel erwischen zu können. Da hatte doch der Mathematikpauker im Kreisstadtgymnasium – wie hieß er noch? – gelegentlich von den Lunulae Hippocratis gesprochen und dabei was an die Tafel gemalt. – Der Nebel hob sich, das Kribbeln verzog sich, und Vater hatte Mühe, nicht allzu erleichtert auszusehen.

«Richtig», sagte er, «ich hab's ja gleich gewußt. Das hat was mit dem Pythagoras zu tun. Paß mal auf.»

Er sah sich geschäftig um, entdeckte auf der Ecke des Nebentischs wie hingezaubert die Kreide, mit der die Billardspieler ihre Punkte notierten, nahm sie und machte sich daran, ein rechtwinkliges Dreieck auf die Tischplatte zu malen. Er ahnte nicht, was sich gleich darauf hinter seinem Rücken abspielte. Als nämlich der eine der beiden Burschen, der mit seiner eingeschlagenen Nase wie ein Boxer aussah, mit seiner Serie fertig war, fing er an, nach der Kreide zu suchen, entdeckte sie in Vaters Fingern und tippte Vater mit seinem Billardstock auf die Schulter. Er hatte schon ein bißchen was getrunken, und so fiel das Tippen eine Kleinigkeit kräftiger aus, als er vermutlich beabsichtigt hatte. «Sie, hören Se mal», sagte er dazu mit schwerer Zunge.

Vater ließ sich nicht gern antippen, schon gar nicht, wenn er, wie in diesem Falle, auf seiner Erinnerung wie auf einem hauchdünnen Faden seiltanzte. Er hatte es jetzt ungefähr im Kopf, was mit den Lunulae los war, aber er wußte nicht genau, ob sich dieses vage Wissen nicht bei der ersten Störung ebenso urplötzlich verflüchtigen würde, wie es aufgetaucht war. Und nun kam dieser angetrunkene Flegel da . . .

«Lassen Sie mich in Ruhe!» sagte er energisch.

«Erst rücken Se mit der Kreide raus», grollte der Bursche.

Vater hielt es für das beste, das alberne Verlangen des Störenfrieds zu ignorieren, und setzte hastig den Seitenlinien des Dreiecks Quadrate auf. Nur sich jetzt nicht unterbrechen lassen!

Als er daher zum zweitenmal das Tippen auf der Schulter spürte, fuhr seine Hand wie der Blitz nach der lästigen Stockspitze, und ohne sich umzusehen stieß er den Stock mit Wucht zurück. Das dicke Ende traf den ohnehin nicht ganz standfesten Burschen unvorbereitet in die Magengrube, und mit eindrucksvollem Gepolter sank er zwischen zwei Stühlen zusammen.

Erschrocken fuhr Vater nun doch herum, aber der Kerl war, von seinem Kumpan unterstützt, schon dabei, sich wutschnaubend wieder aufzurappeln, und seinen Blicken nach hatte er mindestens im Sinn, Vater lebendigen Leibes in seine Bestandteile zu zerlegen. Einen Augenblick dachte Vater daran, sich in gebotener Eile, wenn auch würdig, zur Straße zurückzuziehen und die Hilfe eines möglicherweise vorbeiwandelnden Polizisten in Anspruch zu nehmen, dann aber fiel sein Blick auf Thomas, in dessen aufgerissenen Augen unbeschränkte Bewunderung für seinen mannhaften Erzeuger zu lesen stand, und er ließ den Gedanken wieder fallen. Unmöglich, sich vor dem Jungen der Situation nicht zu stellen.

Hastig nahm er also die Arme hoch, wie er es so oft im Boxring gesehen hatte, und spürte im gleichen Moment den pfeifenden Luftzug des Schwingers, mit dem der Kerl den Angriff auf ihn eröffnete. Es war der erste und der letzte Schlag dieses homerischen Kampfes, denn da er um ein paar Zentimeter am Ziel vorbeiging, riß der eigene Schwung den Schläger von neuem von den wackligen Füßen und ließ ihn zum zweitenmal geräuschvoll zwischen den Stuhlbeinen landen.

Er machte zwar müde Anstalten, sich wieder auf die Beine zu stellen, aber da war der Wirt schon da und schob seinen umfangreichen Bauch zwischen die beiden.

«Nu is es aber genug», sabbelte er mit einem grämlichen Blick auf Vater. «Den Tisch mit Kreide vollschmiern, dagegen hätt ich ja nischt gehabt. Aber nu auch noch gute Gäste verärgern und mir womöglich die Polizei ins Lokal ziehn . . . Und alles bloß für kümmerliche fünf Bouletten und zwei Mollen Bier . . .»

«Vier Bouletten und eine Molle», stellte Vater kühl richtig, zahlte und verließ mit Thomas die gastliche Stätte.

So respektvoll schweigsam Thomas während der Heimfahrt war, so gesprächig mußte er in den Kinderzimmern gewesen sein, denn als sich die Familie um den Mittagstisch versammelte, fand sich Vater von einer seit langem nicht mehr gespürten Atmosphäre einhelliger, mühsam unterdrückter Bewunderung umgeben. Die einzige Ausnahme machte Mutter. Dafür strahlte Berta, Mutters neue Stütze, doppelt und dreifach. Im Gegensatz zu Fräulein Elsbeth, ihrer sittsamen Vorgängerin, die ein halbes Jahr zuvor unseren Milchmann erhört und geheiratet hatte, war ihr Gefühlsleben ziemlich bewegt, und die «Verlobten», die bisher in ihrem Gefolge aufgetaucht waren – ein Geldschranktransporteur war drunter –, bewiesen mindestens, daß sie für männliche Kraft was übrig hatte.

Vaters hausherrlicher Anspruch, sich als erster den Teller füllen zu dürfen, wenn er nicht freiwillig zu Mutters Gunsten darauf verzichtete, war noch niemals ernstlich bestritten worden, aber diesmal wetteiferten alle förmlich darum, ihm die Schüsseln zuzuschieben und ihn zu ermuntern, sich ja richtig was aufzupacken, so daß er ihren löblichen Eifer schließlich offiziell zur Kenntnis nehmen mußte.

«Na, nun laßt mal», wehrte er ab. «Ihr tut ja gerade so, als wenn ich am Verhungern wäre.»

Dreas grinste ehrerbietig. «Deswegen nicht. Aber Appetit mußt du doch haben – nach heute morgen.»

«Mußt du», sagte Friedrich. «Das hängt mit dem erhöhten Kalorienverbrauch zusammen.»

Vater war es klar, daß Thomas den Sachverhalt verkannt haben mußte, aber es wurde ihm trotzdem warm ums Herz. Natürlich hätte er es am liebsten gehabt, wenn uns überhaupt nichts davon zu Ohren gekommen wäre, denn schließlich gehörte es sich nicht, aus was für Gründen auch immer, in Kneipen Auftritte mit zweifelhaften Gestalten zu haben, aber da es nun einmal passiert war, wollte er auch sein Licht nicht gerade unter den Scheffel stellen.

«War nicht so schlimm», bemerkte er darum. «Hab nicht mehr Kalorien verbraucht als sonst auch.»

Bixi fand, es sei nun des Herumgeredes genug. Ihre bewundernde Wißbegier verlangte nach näheren Einzelheiten.

«Hast du», forschte sie, «dem Kerl wirklich mit dem Billardstock in den Bauch gepiekt?»

«Ein bißchen», bekannte Vater bescheiden.

«Junge, Junge», jubilierte Dreas. «Und dann ist der Kerl auf dich losgegangen. Thomas sagt, es wär 'n Boxer gewesen.»

«Weiß ich nicht», brummte Vater, während er einen beachtlichen Berg Grützwurst mit architektonischem Geschick auf seiner Gabel unterbrachte. «Aber so ausgesehen hat er.»

«Klar war's einer», warf Thomas ein, der aus seiner Rolle als Zeuge einer heroischen Tat ungeahnte Befriedigung zog. «Er hat ja 'ne eingeschlagene Nase gehabt. Und Bizeps hatte er wie 'n Möbelpacker.»

«Junge, Junge», sagte Dreas. «Und den hast du schlankweg k. o. geschlagen?»

Vater fand, daß diese Auslegung der Angelegenheit denn doch ein wenig über das Ziel hinausschoß, aber er wollte sich nicht erst auf langes Gerede einlassen. Deshalb spähte er vorsichtig zu Mutter hinüber, die mit vorwurfsvollem Gesicht auf ihrem Teller herumstocherte, sah rasch wieder weg, räusperte sich und sagte: «Na, ganz so war's nicht, aber jedenfalls hat er hinterher auf dem Boden gelegen.»

«Und warum hat er dir nicht auch eine gehauen, wenn er 'n richtiger Boxer war?» erkundigte sich Peter, der Jüngste, enttäuscht.

«Weiß ich nicht», sagte Vater und schoß ihm einen herben Blick zu. «Er wollte ja, aber er hat vorbeigeschlagen.»

«Gute Fußarbeit», lobte Friedrich. «Fußarbeit ist das wichtigste beim Boxen. Willst du nicht doch wegen der Kalorien noch 'ne Kleinigkeit nehmen?»

Als die Tafel aufgehoben worden war, was immer sehr feierlich in der Weise geschah, daß wir uns rund um den Tisch bei den Händen nahmen und uns «Gesegnete Mahlzeit» wünschten, blieben Vater und Mutter allein im Zimmer zurück. Mutter hatte vorher außer zum Essen kaum den Mund aufgemacht, und bevor sie nun ihren aufgestauten Groll losließ, ging sie zur Tür und sah nach, ob sie fest zu war. Dann drehte sie sich zu Vater um, der sich mit der Zeitung in einen Sessel im Erker zurückgezogen hatte und so tat, als ob er ihren Blick nicht spürte.

«Schämst du dich eigentlich nicht?» fragte sie.

Vater wußte, was sie meinte, und ein bißchen schämte er sich auch, aber er hätte es um alles in der Welt nicht zugegeben. Darum sah er harmlos von seiner Zeitung hoch und fragte: «Schämen? Wieso?»

«Weil du dich vor den Kindern wie ein Rummelplatzheld aufspielst.»

Vater machte ein gekränktes Gesicht. «Na, nun hör mal», sagte er. «Ich spiel mich überhaupt nicht auf. Ich widerspreche bloß nicht, das ist ein Unterschied. Kinder brauchen ein Idol.»

«Ein schönes Idol, das mit seinem minderjährigen Sohn in zweifelhafte Lokale geht und dann mit noch zweifelhafteren Leuten Streit anfängt», bemerkte Mutter.

«Ich hab nicht angefangen», fuhr Vater auf. «Der andere hat angefangen.»

Mutter nickte ungerührt. «Kenn ich», sagte sie. «Hab ich von den Jungs mindestens tausendmal schon gehört, und gewöhnlich sagst du ihnen dann . . .»

«Daß ich jedem, der mir mit so einer albernen Ausrede kommt, zu den Maulschellen, die er hoffentlich schon bezogen hat, noch eine saftige dazu spendiere», murmelte Vater zerknirscht. «Ich weiß, Schatz, aber ich dachte doch, ich käme mit der Geschichte mit den Hippokratischen Monden nicht zu Rande, wenn ich gerade in dem Moment die Kreide hätte rausrücken müssen.»

Mutter nutzte Vaters schwache Stellung, um ihm die Feuilletonseite aus der Zeitung zu zupfen, was Vater gar nicht gern hatte, weil er sein Blatt gern ungeteilt las.

«Und da», sagte sie unnachgiebig, «stellst du dich hin und schlägst vor den Augen deines Kindes einen Menschen nieder, nur weil er etwas haben wollte, was ihm gehörte», sagte sie unnachsichtig.

«Hab ich ja gar nicht», gestand Vater kleinlaut. «Genaugenommen ist er von alleine umgefallen.»

Sie sahen einander stumm an, dann wich der Vorwurf aus Mutters Miene, und sie unterdrückte mit Mühe ihre Lachlust. «Von alleine?» hauchte sie atemlos.

Vater nickte. «Von ganz alleine . . . Von dem Schwung von dem Schlag, den er mir zugedacht hatte.»

Nun war es mit Mutters Fassung vorbei. «Von dem Schwung von dem Schlag . . . Du lieber Himmel!» pruschte sie. «Und da wird behauptet, deine Vorlesungen glänzten durch musterhaftes Deutsch!»

«Lach nur», sagte Vater. «Mach dich nur recht über mich lustig, aber versprich mir wenigstens, daß es unter uns bleibt. Aus pädagogischen Gründen. Hast ja bei Tisch gesehen, wie es bei der Rasselbande gewirkt hat. Wenn es mir auch», setzte er nachdenklich hinzu. «viel lieber gewesen wäre, wenn ich Thomas die Sache mit den Monden richtig hätte beweisen können. Es hätte bei ihm sicherlich mächtigen Eindruck geschunden, einen nachhaltigeren jedenfalls als diese alberne Boxgeschichte. Und der Junge ist in einem Stadium, wo es für ihn gesund wäre zu merken, daß ich ihm vorläufig immer noch über bin und daß er 'ne Menge von mir lernen könnte.»

Einen Augenblick starrte er bekümmert durch seine goldumrandete Brille vor sich hin, dann hellte sich sein Gesicht plötzlich auf: die Kremhütchenpackung war ihm eingefallen.

«Versprichst du's mir?» fragte er. Mutter nickte lächelnd. «Dann darfst du draußen in meine Manteltasche fassen. Ich hab dir 'ne Kleinigkeit mitgebracht.»

Mutter, die immer gerne Süßes aß, wußte, was solche Ankündigungen zu bedeuten hatten, und lief in die Diele, während sich Vater wieder der Feuilletonseite bemächtigte. Gleich darauf hörte er draußen ihre verdutzte Stimme: «Allmächtiger, was ist denn das?»

Vater griente. «So denk ich in der Ferne an dich», erklärte er selbstgefällig. «Kremhütchen. Und gleich ein halbes Pfund.»

Mit etwas Undefinierbarem in der weit abgestreckten Hand erschien Mutter wieder in der Tür.

«Dann muß mindestens noch ein Viertelpfund in der Manteltasche kleben», sagte sie. «Und den Rest hier könnte man für alles mögliche andere halten, einschließlich ziemlich unappetitlicher Möglichkeiten. Weißt du wirklich genau, daß es Kremhütchen sind?»

«Jedenfalls, daß sie es waren», sagte Vater, mit angeekeltem Gesicht auf das verdächtige Gemisch aus Pappe, Schokolade, Kremzeug und Brotkrümel starrend, «bevor mich der Kerl beim Fallen angerempelt und die Dinger zerquetscht haben muß. Und dafür hab ich zehn Mark bezahlt, von den noch zu erwartenden Reinigungskosten gar nicht zu reden.»

Abends im Bett war von Thomas folgender erstaunliche Diskurs zu vernehmen:

«Vater ist in Ordnung, schwer in Ordnung, kann ich bloß sagen. 'n bißchen Mathematik kann leicht jeder, aber den Kerl da, ohne auch nur 'n Schritt zurückzugehen, mit einem Schlag ... wie Breitensträter, genau so ... das soll ihm 'n anderer Alter Herr mal nachmachen. Nee,

Vater ist in Ordnung, und eins kann ich euch sagen: ich schwänze nicht mehr. Schließlich ist die Schule ja dazu da, daß wir was drin lernen. Beim Schwänzen schaden wir bloß uns selbst.»

NEUNTES KAPITEL

Der schönste Weihnachtsbaum

Am großartigsten war Vater immer in Form, wenn es drauf ankam, Feste zu feiern. Feste waren Vaters besondere Stärke. Auf Saus und Braus legte er's dabei weniger an – dafür sorgte Mutter im Rahmen des Möglichen ohnehin, und das war nicht wenig. Aber er wußte ganz einfach, was im allgemeinen und im besonderen für uns Kinder ein Fest von einem gewöhnlichen Tag unterschied. Vor allem hatte er an Festtagen für uns Zeit und auch genug prächtige Ideen, um sie bis zum Platzen auszufüllen. Tagelang vorher lief er schon mit geheimnisvoller Miene herum, ließ ab und zu rätselhafte Andeutungen fallen, wobei er tat, als sei er mit Mutter allein im Zimmer und nähme gerade rechtzeitig genug unsere Anwesenheit wahr, um im letzten Augenblick noch den Mund zu halten. Wenn wir ihn dann mit Fragen bedrängten, tat er gewöhnlich, als habe er keinen Dunst, wovon wir redeten, zog die Augenbrauen hoch und schüttelte verwundert den Kopf.

«Bildet euch bloß keine Schwachheiten ein», sagte er dann. «Ich glaube, ihr denkt gar, ich hätte nichts weiter zu tun, als mich um euer

Vergnügen zu kümmern. Da seid ihr aber schief gewickelt. Ich habe gerade genug um die Ohren, um für euch Haufen Volks die Butter aufs Brot heranzuschaffen.» Und damit wir nicht etwa glauben sollten, was er sagte, schmunzelte er bis über beide Ohren.

Alles wurde bei ihm zum Fest, wenn er nur wollte. Das Vorlesen, zum Beispiel. Vater las uns häufig vor, und obwohl er sich gelegentlich wie eine Primadonna drängen ließ, hatte er sicher genau so viel Vergnügen daran wie wir. Er hatte eine schauspielerische Ader, und das Lesen war für ihn eine Art unmittelbarer Schöpfungsprozeß. Da waren einige Seiten bedruckten Papiers, und nun galt es, das in ihnen verborgene Leben aufzuspüren, zu erwecken, Menschen hervortreten zu lassen und die Verknüpfungen ihrer Schicksale gleichsam in plastische Dimensionen zu übersetzen.

Meistens las er etwas von E. T. A. Hoffmann, Brentano oder Hauff, Storms «Hinzelmeier» wurde immer von neuem vorgenommen, weil Vater durch die Gestalt der schönen Frau Abel Mutter seine Reverenz erweisen wollte, und dann gab es natürlich zwischendurch immer die russischen Märchen.

Es war uns im Grunde gleichgültig, was er las; nur daß er las, war wichtig. Schon wenn er sich mit dem Buch in der Hand feierlich in den großen, braunglänzenden Ledersessel neben die Stehlampe mit der milde leuchtenden, gelbseidenen Schirmkuppel setzte, wurden wir mucksmäuschenstill und rührten uns nur noch, um uns bequemer hinzulegen. Denn auf dem Teppich liegend, hörte es sich selbstverständlich weit besser zu, weil man da ungehindert alle viere von sich strecken konnte. Nur Mutter saß, ebenfalls im Lichtschein der Lampe, eine Häkelarbeit auf dem Schoß, die sie aber nach ein paar unentschlossenen Ansätzen liegenließ, um nur noch auf Vaters Stimme zu hören. Seine Stimme umhüllte uns bald wie ein Zaubermantel, in dem wir über Gebirge, Täler und Meere flogen, nach fremden Ländern, in denen es Riesen, Zwerge und Feen, Edelfräulein, Ritter und gespenstige Geheime Kanzleiräte gab, in denen seltsam-gruselige Dinge geschahen oder komische Histörchen vorfielen, über die wir aus vollem Halse lachten. Und Vaters Stimme fistelte, flüsterte, kicherte, grollte, säuselte, krächzte, lachte und toste und steckte in jedem Ding und jedem Wesen, ja sie war eine ganze Welt für sich, die in tausend wimmelnden Gestalten die warmen Schatten in den Ecken des großen Raumes erfüllte.

Manchmal schien es gar nicht zu fassen, daß er es wirklich allein war, der dies mirakulöse, vielstimmige Leben auf uns losließ, und wir richteten uns auf den Ellbogen auf, um uns mißtrauisch zu überzeugen. Aber da saß wirklich nur Vater, das Lampenlicht glänzte auf seiner breiten Stirn und dem sorgfältig gescheitelten dunklen Haar, und wie so oft hing ihm die Brille an einem Bügel vom Ohr, und das Buch hielt er dicht vor die längliche Nase, so daß es förmlich aussah, als ob er gerade hineinkriechen wolle.

Auch den großen Abend, an dem Dreas zum erstenmal in einer richtigen Rolle die Bühne betrat, machte er für uns alle zu einem Fest. Es war zwar mehr ein Röllchen als eine Rolle, aber Vater kam es ohnehin nie auf Quantität an, und er nahm es zum Anlaß, die gesamte Familie einschließlich Peters in eine Loge im Deutschen Theater zu pferchen.

«Natürlich kommt Peter mit», hatte er auf Mutters Einwände kategorisch erwidert. «Ich möcht mir nicht später von ihm vorschmeißen lassen, daß er nicht dabei war, als sein ältester Bruder den Grundstein zu seiner Karriere legte. Und außerdem brauchen wir jede Hand zum Klatschen. Der Junge soll mal erfahren, was es für Vorteile hat, aus einer großen Familie zu kommen.»

Denn Vater hatte sich längst mit Dreas' Berufswahl ausgesöhnt, weil ihm schnell aufgegangen war, wo die Fähigkeiten seines ältesten Sprößlings lagen.

Bei den Geburtstagen kam es uns immer so vor, als sei er das beschenkte Geburtstagskind, und nicht wir. Thomas hatte einmal eine elektrische Eisenbahn bekommen, was damals etwas ganz Unerhörtes war, und seitdem wurden Gleisanlagen und Wagenbestand in jedem Jahr um einige neue Stücke bereichert. Niemals ließ es sich Vater nehmen, diese Neuerwerbungen selbigen Tags noch persönlich einzubauen und auszuprobieren. Das gesamte Gleisnetz mit Bergen, Tunnels, Bahnhöfen und Rangieranlagen wurde auf dem Fußboden seines Arbeitszimmers aufgestellt, wo am meisten Platz war, und dann lag Vater auf dem Bauch und in Hemdsärmeln mittendrin im Gewirr, schaltete Kontakte und Signale, stellte Weichen, verhütete Zusammenstöße, und er und Thomas und meistens auch ein paar von den andern experimentierten so lange, bis sich ein Fahrplan ergeben hatte, bei dem Runde für Runde drei Züge aneinander vorbeischnurren konnten, ohne jemals zu kollidieren.

Erschienen an solchen Nachmittagen irgendwelche Besucher, ratsuchende Studenten, Kollegen oder dergleichen, sahen sie sich in die unerwartete und sanft unbehagliche Lage versetzt, ihre Gespräche mit einem leger hingebetteten Herrn führen zu müssen, in dessen wild gesträubtem Haar der Wind der großen Weiten zu hausen schien und dessen Augen mit ernster Aufmerksamkeit dem Hin und Wider regelmäßig kreisender Spielzüge folgten.

«Heute hat mein Sohn hier nämlich Geburtstag», pflegte er mit einem schwächlichen Versuch zur Entschuldigung zu sagen, «und der würde mir schön was erzählen, wenn ich diesem Umstand nicht gebührend Rechnung trüge. Übrigens, wenn Sie ein halbes Stündchen Zeit haben, könnten Sie mal da drüben dieses Stellwerk bedienen.»

Ganz groß in Fahrt war Vater gewöhnlich auch zu Ostern. Die Eier wurden von ihm höchst eigenhändig mit wissenschaftlicher Gründlichkeit so hervorragend in der Wohnung versteckt, daß trotz emsigsten Suchens der ganzen Belegschaft ein gutes Viertel zunächst spurlos verschwunden blieb, weil Vater die Verstecke vergessen hatte. Schließlich fertigte er sich jedesmal einen Lageplan an, aber irgendwie fand er sich auch mit ihm nicht zurecht, und es kam immer noch vor, daß man ein halbes Jahr später in einer finsteren Schrankecke oder in den Polsterschluchten der Sessel auf etwas Zerlaufenes, Zerquetschtes, Verstaubtes stieß, das in Substanz und Äußerem entfernte Ähnlichkeiten mit einem Osterei aufwies.

Der Höhepunkt von Vaters festlichem Wirken kam aber erst in der Weihnachtszeit, und gleich mit dem Baumkauf ging es an. Keinen Weihnachtsbaumhändler gab's in der Stadt, der es fertiggebracht hätte, Vater einen Baum anzudrehen, der nicht genau seinen Anforderungen entsprach. Drei Meter mußte er mindestens messen, und eine Edeltanne mußte es sein, schön voll, mit regelmäßigen Zweigen und einer Spitze, die stark genug war, um ungebeugt einen Stern aus Draht und Flittergold zu tragen. Die ältesten Jungen schleppten ihn schwitzend nach Hause, wo er fürs erste seinen Platz auf dem Balkon vor dem Musikzimmer fand.

Aber man denke nicht, daß Vater nun mit dem Baum, wie er da lag, auch zufrieden gewesen wäre. Am Morgen des Heiligen Abends machte er sich ans Werk. Alles, was in der Familie Hosen trug, und Bixi dazu war als Helfer zur Stelle. Vater an diesem Vormittag zu erleben war ein Spektakel für sich, und keiner hätte es versäumen wollen, Mutter in ihrer großen Rolle zu sehen. Das ganze Jahr vertrugen sie sich, aber an diesem Vormittag gerieten sie in Streit, und das Schönste war, daß er jedes Jahr auf dieselbe Weise wiederkehrte.

Der Fuchsschwanz war der Stein des Anstoßes zwischen den beiden. Vater war entschieden fürs Sägen. Er war nicht zufrieden, wenn er nicht die ganze Wohnung mit den herausgeschnittenen Zweigen tapezieren konnte. Er meinte, ein Baum im Walde sei grundsätzlich etwas ganz anderes als ein Baum in der guten Stube. Mit dem Fuchsschwanz brachte er ihm Anstand bei. Solange die Tanne den Zustand edler Durchsichtigkeit nicht erreichte, blieb sie für ihn eine Art roher Lehmkloß, aus dem er das Bild «seines» Baumes formte. Mutter hatte dagegen für Gestrüpp eine Schwäche. Je voller, desto besser, je gestrüppiger, desto mehr wuchs er ihr ans Herz, und das Heraussägen von Zweigen schien ihr reine Barbarei.

Vater konnte bei seinem Schöpfungsakt niemand brauchen, der seine Versunkenheit dauernd mit unsachlichen Einwänden störte; darum wurde Mutter höflich, aber bestimmt aus dem Zimmer gewiesen. Zwei von uns mußten die Tanne halten, während er sich für seine Knie vom Sofa ein Kissen holte und mit ihm und dem Fuchsschwanz ins Gezweige tauchte. Der Baum erzitterte unter den Zähnen der Säge, an seinem Fuß häuften sich die Äste, und ab und zu schob sich Vater ächzend ans Licht, um mit besorgniserregend gerötetem Antlitz, verschobener Krawatte und benadeltem Scheitel den Grad der Vollendung zu ermessen.

Selbstverständlich hörte Mutter draußen das Sägen. Zuerst hoffte sie wohl, daß Vater nur den Stamm um ein Stückchen kürzte, wie er vorsorglich angekündigt hatte, aber dann spähte sie schließlich durch einen Spalt und sah die Bescherung. Es war immer die gleiche schreckliche Überraschung für sie, obgleich sie daran hätte gewöhnt sein müssen. Und auch ihre Reaktion war immer dieselbe. Sie rief Vater durch den Türspalt Ermahnungen zu, die sich, als sie nichts fruchteten, allmählich zu schrillen Protesten und Drohungen steigerten.

Wir Kinder kannten den streng verweisenden Blick, mit dem Vater die Störerin zunächst statt einer direkteren Antwort zu bedenken pflegte, und vom letzten Jahre hatten wir noch den düster-beherrschten Klang seines warnenden Rufes «Grete!» im Ohr, der uns anzeigte, daß er, falls Mutters unziemliche Einmischungen fortdauern sollten, zu energischeren Maßnahmen schreiten würde.

Die Säge sang inzwischen ihr knirschendes Lied, uns war schon selber bänglich zumute, denn was da vor kurzem noch in grünnadliger Fülle gewuchert hatte, war allmählich in ein Stadium gleichsam vergeistigter Askese getreten und zeigte sein architektonisches Gerippe auf eine schon mehr als schamlose Weise.

Vor diesem Asketen nun hätte man Mutter sehen sollen. Den Hut vom Einkaufsgang noch auf dem Kopf – denn schließlich wollte Vater nach getaner Arbeit etwas Nahrhaftes auf dem Teller haben –, stand sie schreckensbleich in der Tür, einen Augenblick verschlug es ihr förmlich die Sprache, dann überwand sie alle Bedenken, stürzte ins Zimmer und rief entrüstet:

«Was zuviel ist, ist zuviel! Das ist ja kein Baum mehr, das ist ein Besenstiel, ein Monstrum, ein wahrer Kinderschreck. Und du versprachst mir doch, nicht mehr als nötig herauszuschneiden! Das ganze Fest ist mir verdorben. Lieber geh ich zu Bett, als daß ich ...»

«Raus!» brüllte Vater, dem nun doch der Geduldsfaden gerissen war. Und diesmal drehte er den Schlüssel im Schloß zweimal hinter ihr herum.

«Das hätten wir», sagte er, während er sich wieder zu uns wandte. Keiner konnte es beschwören, aber wir glaubten, nach solchen Auftritten gelegentlich Anzeichen von Unsicherheit in seinem Benehmen zu finden. Stumm, mit schrägem Kopf, umwandelte er den Baum, musterte ihn von allen Seiten, und was er nach dieser Besichtigung äußerte, galt offenbar mehr der Festigung der eigenen Überzeugung als seinen respektvoll lauschenden Helfern.

«Sie versteht nicht», murmelte er, «daß ein neuer Rahmen ein neues Bild verlangt. Frauen reagieren zu gefühlsbetont, um die Welt als mathematisch geordneten Zusammenhang zu sehen. Die Natur umgibt ihn mit wuchernden Ornamenten. Nehmen wir den Baum aus seiner natürlichen Umgebung, sind diese Ornamente nicht mehr nötig. – Jedenfalls nicht alle», fügte er nach einer Pause großzügig hinzu.

Zerstreut nahm er hier und da noch ein Zweiglein ab, aber wohl mehr, um sich gegen das von draußen hereindringende Gezeter Mutters zu behaupten, als aus innerem Drang: der schöpferische Vorgang war abgeschlossen.

Den Aufputz dirigierte er vom Sofa aus. Nur das Anbringen der Kerzen betrachtete Vater noch als seine Domäne. Es hatte gleichfalls mit geheimnisvollen architektonisch-mathematischen Gesetzen zu tun.

War der letzte Faden Lametta gehängt, die letzte Kugel an Ort und Stelle, pflegte er uns noch einmal um sich zu sammeln.

«Daß ihr mir Mutter nicht mehr ärgert», sagte er mit einem listigen Augenzwinkern. «Sie muß sich zu Weihnachten aufregen, sonst ist ihr nicht wohl. Was dazu nötig war, hab ich selber besorgt.»

Aber so leicht beruhigte sich Mutter nicht. Erst wenn sie nach dem Mittagessen den Baum in der Pracht seines Festkleides sehen durfte, begann ihr Grimm allmählich zu schmelzen. Natürlich hatte sie noch allerlei auszusetzen, aber das nachhallende Grollen bedeutete nichts – wir wußten ja, wie es enden würde. Denn auch das Ende war wie die Entwicklung des Dramas immer dasselbe.

Vater hatte die Kerzen angezündet, während wir nebenan im Musikzimmer Weihnachtslieder sangen, und als wir schließlich, selbst festlich angetan, den festlich geschmückten Raum betraten, sahen wir im magischen, golddurchwirkten Dämmer des Kerzenlichts Vater und Mutter dicht beieinander, still in das Wunder der Stunde vertieft, die Augen, vom tanzenden Widerschein der Flämmchen erfüllt, auf die schimmernde, feierlich ragende Tanne gerichtet. Dann wandte sich Mutter Vater zu, mit einem so glücklichen selbstvergessenen Lächeln, wie man es sonst nur bei Kindern trifft, legte den Kopf an seine Schulter und flüsterte – ja, wirklich, sie flüsterte, als sei vorher gar nichts gewesen:

«Ich danke dir, Lieber. Es ist der schönste Baum, den wir jemals hatten.»

Vorher aber hatte Vater uns noch die Weihnachtsgeschichte aus der Bibel vorgelesen, und auch das gehörte untrennbar zu Weihnachten wie der Baum. Gegen halb sechs hatte er sich in sein Schlafzimmer zurückgezogen, um sich seufzend und ächzend, doch wohlgelaunt und erwartungsfroh, in die widerspenstig-steife Hemdbrust und den Smoking zu zwängen. Während er noch dabei war, Betrachtungen über den sich am Hosenbunde erweisenden Zuwachs an Leibesfülle anzustellen, hörte er vom Flur her die eiligen Schritte seiner Söhne und Bixis; sie schienen sich wieder einmal erst in der letzten halben Stunde vor Ladenschluß für ihre diversen Geschenke entschlossen zu haben.

Er hatte also wie jedes Jahr Zeit, in aller Ruhe noch nach dem auf Kühlung gesetzten Wein zu sehen, einen appetitfördernden Blick in die Speisekammer zu werfen, das Musikzimmer zu inspizieren, ob alles für den Auftakt gerüstet sei, einen kurzen Moment im dunklen Flur still zu verharren, den Atem anzuhalten und auf die summende Aktivität hinter all den noch geschlossenen Türen zu lauschen und sich schließlich mit der alten, großen Familienbibel im Musikzimmer in einen der blausamtenen Sessel niederzulassen und das zerschlissene, mürbe Leder des Einbands zu betrachten, auf dem viele Male die Hände seines Vaters, seines Großvaters und Urgroßvaters geruht haben mochten. Es war schön, das zu wissen und sich als ein Glied in einer nicht endenden Kette zu fühlen, die aus der Vergangenheit in die Zukunft reichte – kein schwaches Glied, eins, das – so hoffte er – seiner Vorgänger würdig war. Und nach ihm würde Dreas, der Älteste, die Bibel bekommen. Und nach Dreas? Er schmunzelte. Nun, das hatte noch Zeit; es würde sich zeigen. Er hatte jedenfalls dafür gesorgt, daß die Kette nicht abriß.

Mit geschlossenen Augen, das schwere, große Buch auf dem Schoß, lehnte sich Vater in den Sessel zurück, um ganz ohne Ablenkung die aus Tiefstem aufsteigende hauchleise Gewißheit zu spüren, daß er den Sinn des Lebens für seinen Teil auf seine Weise erfüllt hatte. Es waren Augenblicke, die er nicht missen mochte, Augenblicke der Dankbarkeit, der Vorbereitung und Sammlung, ohne die er die Weihnachtsgeschichte des Lukas nicht so lesen konnte, wie sie gelesen werden mußte, ohne die diesem Abend nicht seine ganze Fülle und Freude wurde.

Gleich darauf hörte er vom Flur her die fröhliche Prozession der anderen nahen, und er stand lächelnd auf, um das Fest zu beginnen.

ZEHNTES KAPITEL

Aus Kindern wurden Leute

Irgendwie konnte Vater sich nicht an den Gedanken gewöhnen, daß wir Jahr für Jahr älter wurden. Er selber wurde nicht älter, oder es kam ihm wenigstens nicht so vor, Mutter war in seinen Augen noch immer das zärtlich verehrte muntere Mädchen, das er sich gegen Großvaters schwarze Zigarren mühsam hatte erringen müssen, und daß wir größer wurden, ließ sich zwar nicht völlig übersehen – schließlich ging er höchstpersönlich mit uns alle Jahre zu Peek & Cloppenburg oder in irgendein anderes Geschäft, um Ersatz für die Kleidungsstücke zu schaffen, aus denen wir inzwischen herausgewachsen waren –, aber damit verband sich bei ihm keineswegs die Vorstellung, daß wenigstens die beiden Ältesten gleichzeitig auch aus ihren Jungenstagen heraus- und in einen neuen Erlebnisbereich hineingewachsen sein könnten. Oder vielleicht merkte er es auch und wollte es bloß nicht wahrhaben, weil es ihm einfach gegen den Strich ging. So war er ganz und gar nicht auf die Enthüllung vorbereitet, die Mutter ahnungslos auf ihn losließ, als er eines Abends nach Hause kam und ihr erzählte, er habe Friedrich mit einem Mädchen an der Straßenbahnhaltestelle stehen sehen.

«So, so», sagte Mutter ziemlich achtlos. «Eine Blondine? Das wird wohl Manon gewesen sein.»

Vater war dabei, seine Post durchzusehen, hatte bloß mit halbem Ohr hingehört und fragte auch nur, um irgend etwas zu sagen: «Manon? Kenn ich nicht. Was für eine Manon?»

«Na, seine neueste Flamme natürlich», erwiderte Mutter und lächelte. Es fiel ihr zuerst nicht auf, daß von Vater her keine Antwort kam, und erst als ihr langsam klar wurde, daß auch das leise Geräusch, das beim Aufreißen von Briefumschlägen entsteht, verstummt und dafür eine bedrückende, unheilschwangere Stille eingezogen war, wandte sie sich, vage beunruhigt, Vater zu. Er stand mit seinen Briefschaften in der Hand starr am Schreibtisch und sah aus, als sei unversehens ein Blitz vor ihm eingeschlagen.

«Hast du Flamme gesagt?» fragte er.

Mutter nickte überrascht. «Sagt man nicht so?»

Vater sah sie an, als spräche sie botokudisch.

«Du meinst doch nicht etwa», fragte er bestürzt, «daß Friedrich ... ich meine, daß er ...»

Mutter war immer felsenfest der Ansicht gewesen, daß Vater das beste, klügste und in jeder Hinsicht vorbildlichste männliche Wesen sei, das die Menschheit vom Anbeginn ihrer turbulenten Geschichte an hervorgebracht habe, und diesem frommen Glauben tat auch der Umstand keinen Abbruch, daß sie sich ihm zuweilen, wenn auch ganz selten und widerstrebend, liebevoll überlegen fühlte. Sie hatte immer ein schlechtes Gewissen dabei, aber es gab nun einmal offenbar Dinge, vor denen sich selbst ein männliches Wunder wie Vater in eine merkwürdige, kaum begreifliche Wirklichkeitsferne verlor. Mutter war so erzogen worden, wie es sich für höhere Töchter aus gutem Hause um die Jahrhundertwende schickte, das heißt: von den Knöcheln bis zum Hals fest zugeknöpft, und nahm es infolgedessen mit Sitte und Anstand auch sehr genau, aber daß Dreas mit seinen zwanzig und Friedrich mit seinen neunzehn Jahren das weibliche Geskhlecht mit anderen Augen ansahen als ein Dezennium vorher, das schien ihr doch ganz in der natürlichen Entwicklung der Dinge zu liegen.

Sie fand die modernen jungen Mädchen gegen die früher zwar nicht gerade zu ihrem Vorteil verändert, aber das lag ja wohl im Laufe der Zeit, und ihre mißbilligenden Bemerkungen über das in Mode gekommene Schminken waren kaum ganz ernst zu nehmen, denn gelegentlich konnten wir auch auf ihren Wangen einen zwar lieblichen, doch merkwürdig künstlichen rosigen Schimmer entdecken, und die Lippen waren um eine Schattierung röter, als es von Natur aus hätte sein dürfen. Wie gesagt: nur um eine Schattierung, eben genug, daß Vater es nicht merkte, denn was er angestellt hätte, wenn er ihr auf ihre schüchternen Verschönerungsschliche gekommen wäre, läßt sich gar nicht ausdenken.

«Ich möchte bloß wissen, warum die jungen Dinger sich so anschmieren», sagte er häufig und besonders gern dann, wenn Bixi in der Nähe war. «Sieht immer aus, als ob sie gerade eine Stulle mit Erdbeermarmelade gegessen und sich hinterher den Mund nicht abgeputzt hätten. Und dann noch die blutigen Krallen an den Fingern! Kann mir jemand vielleicht erklären, wie man mit solchen Abnormitäten staubwischen oder sonst was Nützliches anstellen kann?»

Er sah beifallheischend in die Runde, und Mutter benutzte die Gelegenheit, so unauffällig wie möglich mit der Zunge über ihre Lippen zu fahren, falls Vater auf die Idee kommen sollte, sich näher mit ihren Naturfarben zu befassen. «Ein gesunder Mensch braucht dem lieben Gott nicht ins Handwerk zu pfuschen», fuhr Vater fort. «Er hat die richtigen Farben sowieso an der richtigen Stelle. Seht euch Mutter an.»

Dabei nickte er ihr anerkennend zu. Mutter tat, als hätte sie mit der Zunge einen Krümel aus dem Mundwinkel holen wollen, und wenn in diesem Punkt je Mißtrauen Vaters Seelenfrieden getrübt hätte, wäre es vor dem lächelnden Unschuldsblick, mit dem sie ihm begegnete, spurlos zerstoben.

Genau so entging es Vater, daß Dreas und Friedrich angefangen hatten, mit Mädchen zu scharmuzieren. Vor allem Friedrich, denn Dreas hatte in erster Linie sein Theater im Kopf, und alles andere kam erst hinterher. Mit Friedrich war es aber auch eine besondere Sache. Schon im Steckkissen hatte ihn eine spezielle Art schmelzender Liebenswürdigkeit ausgezeichnet. Alle Tanten, jüngere wie ältere, waren vor Entzücken aus dem Häuschen geraten, wenn er sie mit Grübchenbacken und Rosenmündchen schelmisch angestrahlt hatte, und außerdem hatte er sich schon immer dadurch unangenehm beispielhaft von uns anderen abgehoben, daß er stets wie aus dem Ei gepellt aussah. Dabei war er ein richtiger Junge, der bei fremden Leuten Fenster einwarf, auf Bäume kletterte, wenn Äpfel dran waren, und sich notfalls, wenn es gar nicht zu umgehen war, auch mit anderen prügelte; nur hatte er eben diesen uns unheimlichen Hang zur Sauberkeit und Adrettheit.

Er war auch der einzige, der später nicht mehr so ganz mit Vaters Anzugauswahl einverstanden war. Vater kam es beim Anzugkauf vor allem auf Solidität und praktische Qualitäten an. Er mußte natürlich ordentlich sitzen und einigermaßen dem Auge annehmlich sein, aber Haltbarkeit kam bei ihm allemal vor Eleganz, die seiner Meinung nach äußerstenfalls bei Bixi eine bescheidene Rolle spielen konnte, bei den Jungens aber völlig überflüssig war.

«Das ist ein ordentlicher Stoff», sagte er lobend und rieb das Tuch des Anzugs, der wohl seinen, aber nicht den Beifall des Anwärters gefunden hatte, fachmännisch zwischen Daumen und Zeigefinger. «Nicht so leicht durchzuscheuern und unempfindlich gegen Regen.»

Es hätte der lebhaften Zustimmung des Verkäufers nicht bedurft, um uns zumindest vom letzteren zu überzeugen, denn der Stoff schien die Konsistenz und Steifheit eines mittleren Brettes zu haben. Es mußte schon ein wahrer Wolkenbruch mit taubeneiergroßem Hagelschlag sein, der da durchkommen wollte.

Vater wußte natürlich, daß wir von seiner Wahl nicht begeistert waren, und da er an die Macht des guten Beispiels glaubte, fuhr er gewöhnlich fort: «Da hättet ihr erst mal sehen sollen, was ich in euren Jahren getragen habe. Eure Großmutter spann die Wolle selber auf der Spindel und brachte sie dann zu einem Handweber im Dorf. So dick war das Zeug . . .»

Vater zeigte etwas wie eine kräftige Daumenbreite.

«. . . und kratzte wie der Teufel, und wenn man den Arm krumm machen oder sich hinsetzen wollte, mußte man sich erst 'n Ruck geben. Dagegen ist der Stoff hier reine Zephirseide.»

Er grinste uns aufmunternd an, und wir grinsten verlegen zurück, und irgendwie fanden wir es doch sehr achtbar von Vater, daß er uns seine eigenen unangenehmen Erfahrungen mit hausgemachter Wolle ersparte.

Friedrich grinste auch, aber sein Widerstand war deswegen noch lange nicht gebrochen; er verlegte ihn nur auf eine andere Ebene. Ein paar Tage später berichtete er beiläufig Vater, der neue Anzug sei ihm doch ein wenig zu weit oder die Hosen seien zu lang oder was ihm sonst gerade einfiel, und Vater gab ihm zerstreut die Erlaubnis, die notwendigen kleinen Änderungen durch Herrn Drachwitz, den Familienschneider, ausführen zu lassen. Eleganz gehörte zwar ganz und gar nicht zu den Eigenschaften, die sich Herrn Drachwitzens Schöpfungen nachsagen ließen, aber Friedrichs gutes Zureden und seine diplomatisch vorgebrachten Ratschläge brachten es doch zuwege, daß er sich eines Tages in einem Habit präsentieren konnte, dessen spitz nach unten zulaufende Shimmyhosen und eng an die Taille gequetschte Jacke uns von atemberaubender Schneidigkeit schienen. Als Vater seiner zum erstenmal in dieser verwegenen Aufmachung ansichtig wurde, riß er verdutzt die Augen auf und putzte sich extra die Brille, bevor er mit einem ungemütlichen Grollen in der Stimme fragte:

«Wo hast du denn den fürchterlichen Portokassenjünglingsanzug her?»

«Von dir», sagte Friedrich und strahlte ihn offenherzig an. «Du hast ihn mir doch erst neulich gekauft.»

«Hm ...» Vater kam mißtrauisch näher und beäugte die Umhüllung seines Sohnes von oben bis unten. «Der Stoff ist es», brummte er, «aber von den Tütenhosen hab ich damals nichts bemerkt. Hat da Drachwitz etwa was abgeschnitten?»

«I wo», sagte Friedrich in einem Ton, der diese Möglichkeit völlig ausschloß, «er hat bloß ein bißchen was weggenommen, wo er mir zu weit war. Drachwitz würde sich doch eher die Hand abhacken, bevor er was machte, was nicht mindestens schon zehn Jahre lang unmodern wäre.»

Sah man von Friedrichs besonderem Falle ab, stimmte das auch, und Vater wußte es. Es war ja gerade Drachwitzens stures Beharrungsvermögen, das ihn als Kunden bei ihm festhielt, weil es seinem eigenen Drang nach Unabhängigkeit entgegenkam.

«Na, ja», sagte er schuldbewußt, «hätt ich besser aufpassen und mehr auf den Schnitt achten sollen. Schlimm, daß man nicht mal mehr in einem soliden Geschäft alles unbesehen abnehmen kann. Zurückgeben können wir's nicht mehr. Du mußt ihn also tragen. Hoffentlich laufen dir die Kinder nicht auf der Straße nach.»

«So schlimm find ich ihn gar nicht», bemerkte Friedrich bescheiden und erweckte damit in Vater das wohlig-warme Gefühl, einen einsichtigen und wohlgeratenen Sohn zu haben, der sogar bereit war, sich den Irrtümern seines Erzeugers zu opfern.

«Du bist jedenfalls bei der nächsten Einkaufsrunde als erster dran», brummte er gerührt und verschwand eilends in sein Arbeitszimmer, um nicht dem Impuls nachgeben zu müssen, dem mit dem Portokassenjünglingshabit geschlagenen Sohn zum Trost noch ein Fünfmarkstück in die Hand zu drücken.

Und nun sollte dieser wohlgeratene Sohn eine «Flamme» haben. Vater fand schon den Ausdruck scheußlich, aber die Idee selbst war ihm noch scheußlicher.

«Du meinst doch nicht etwa», fragte er darum entsetzt, «daß Friedrich ... ich meine, daß er ...?»

Mutter fand längst, daß es an der Zeit sei, Vater in diesem Punkt den Star zu stechen, und nahm deshalb auch kein Blatt vor den Mund. «Warum denn nicht?» fragte sie. «Was ist denn auch schon weiter dabei?»

«Aber Grete!» Vater starrte sie fassungslos an. «Der Junge ist doch kaum aus den kurzen Hosen raus! Ich . . . ich . . .»

Er verhedderte sich, flüchtete in ein energisches Räuspern und fuhr mit roten Ohren fort: «Ich hab mir gerade letzthin überlegt, ob ich nicht mal mit den beiden Großen – hm – reden sollte.»

«Worüber denn?» erkundigte sich Mutter erstaunt. Dann ging ihr jählings ein Kronleuchter auf. «Großer Gott, du willst sie doch nicht etwa – aufklären?»

Als Mutter ein junges Mädchen gewesen war, wurde über derlei ominöse Dinge unter wohlanständigen Leuten nie gesprochen, und obwohl sie wußte, daß das inzwischen anders geworden war, fand sie es noch immer genant und wurde rot, wenn sie es einmal nicht umgehen konnte.

«Allerdings», erklärte Vater in verletzter Würde. «Ich wüßte auch nicht, was dagegen spräche.»

Mutters Augen waren weit aufgerissen auf ihn gerichtet, dann begann sie zu kichern und lief zu ihm hin. «O Schatz», flüsterte sie, «liebster Schatz, höchstens daß sie darüber genau soviel wissen wie du auch. Sie sind schließlich mittlerweile zwanzig und neunzehn.»

Einen Moment stand Vater noch unnachgiebig steif und beleidigt da, dann spürte Mutter, die ihn mit ihren Armen umrankte, wie er ein ganz klein wenig nachgab, noch ein wenig, und wie von ganz tief innen ein stummes, bauchschütterndes Glucksen in ihm aufstieg wie Blasen an die Oberfläche eines Teiches.

«Hast ja recht», murmelte Vater, nachdem er ausgegluckst hatte. «Komisch, daß man sich das nie so richtig klarmacht, daß das Gemüse um einen herum auch ins Kraut schießt. Du lieber Himmel, was die wohl dabei für Augen gemacht hätten, und womöglich hätten sie mir sogar noch was beigebracht!»

Vaters verspäteten Aufklärungsversuch hatte Mutter also glücklich abgewendet, aber das mindeste, was ihm Elternpflicht zu gebieten schien, war, daß er die Mädchen, mit denen seine Söhne flirteten, persönlich einmal in Augenschein nahm. Mutters Urteil konnte ja immerhin durch irgendwelche Imponderabilien verfälscht sein, die seiner unbestechlichen männlichen Einsicht nichts anhaben konnten.

«Schließlich muß man wissen, mit wem man es da zu tun hat», erklärte er. «Mit anständigen jungen Dingern oder mit gemeingefährlichen Harpyien, die sich am Taschengeld der Jungs mästen wollen.»

Mutter schien diese letzte Floskel reichlich theoretisch, sonst aber fand sie nichts dagegen einzuwenden, und da Vater, um der Sache kein unnötiges Gewicht zu geben, seine Erkundung unauffällig betreiben wollte, überlegte sie sich, wie sie ihm eine Besichtigungsmöglichkeit verschaffen könnte. Ein altgewohnter Familienbrauch kam ihr zu Hilfe.

Zweimal im Monat nämlich marschierte Vater mit uns allen ins Kino, und er hatte es gar nicht gern, wenn sich jemand bei solchen Gelegenheiten ausschloß. Um Versuchen dazu von vornherein vorzubeugen, verlegte er diese Unternehmungen auf Sonntage, die seiner unerschütterlichen Meinung nach ohnehin der Familie zu gehören hatten. Für Friedrich, der im ersten Semester studierte, waren die Sonntage aber die einzigen Tage, auf die er seine Rendezvous verteilen konnte, und außerdem fand er Filme, die sich auch Peter, unser Jüngster, ansehen durfte, nicht übermäßig anziehend. Er beklagte sich Mutter gegenüber, und als sie wie üblich gerade sagen wollte, daß es nun einmal Vaters Wunsch sei und wir allen Anlaß hätten, auch einmal Vaters Wünsche zu respektieren, fiel ihr eine Lösung ein.

«Nimm doch einfach Manon mal ins Kino mit», sagte sie listig. «Du kaufst im Vorverkauf eine Karte mehr und behältst für euch zwei nebeneinanderliegende Plätze zurück. Vater hat sie bloß einmal von weitem gesehen und erkennt sie bestimmt nicht wieder. Und hinterher verabschiedest du dich und kannst sie wenigstens noch nach Hause bringen. Ihre Eltern erlauben doch sicher nicht, daß sie länger wegbleibt.»

«Eben nicht», sagte Friedrich bekümmert, «das ist es ja. Aber wenn Vater sie auch nicht wiedererkennt, halten doch Dreas und Bixi bestimmt nicht den Mund.»

«Ich werd mit ihnen reden», versprach Mutter und setzte ein wenig heuchlerisch hinzu: «Eigentlich sollte es ja keine Heimlichkeiten hinter Vaters Rücken geben, aber in diesem Falle ist es vielleicht nicht ganz so schlimm.»

Zu Vater sagte sie später: «Ich mach mir ein bißchen Vorwürfe, daß ich so sein Vertrauen mißbrauche. Aber schließlich ist es ja seinetwegen.»

«Das will ich wohl meinen», grollte Vater, den es doch ein wenig ärgerte, daß Friedrich sich hinter Mutter steckte. «Außerdem hätte er ja bloß Vertrauen zu mir zu haben brauchen. Er hätte ja zu mir kommen und offen und ehrlich sagen können, daß er lieber mit einem Mädel ins Kino geht als mit seinem leibhaftigen Vater.»

«Und dann hättest du», fiel Mutter sanft ein, «ihm bestimmt die Erlaubnis dazu gegeben.»

«Den Teufel hätte ich», brach Vater los. «Ich hätte ihm was erzählt, was er sich bestimmt nicht an den Hut gesteckt hätte.»

Mutter legte ihm lächelnd die Hand auf den Arm.

«Na, siehst du, darum ist er auch lieber zu mir gekommen.»

Am Sonntag waren wir wie immer zeitig im Kino. Die Plätze lagen nebeneinander ziemlich in der Mitte der Reihe, und die beiden letzten zur anderen Seite zu hatte sich Friedrich zurückbehalten. Er war noch nicht da, und von den übrigen und Mutter gefolgt, schob sich Vater wohlgelaunt an den Klappsesseln entlang und ließ sich auf dem vorletzten Platz behaglich nieder. Mutter hatte die Situation nicht sofort übersehen, aber dann versuchte sie, ihn unauffällig wieder zum Aufstehen zu bewegen.

«Du sitzt auf Friedrichs Platz», zischelte sie. «Neben dir ist nur noch der für das Mädel frei.»

«Dann sitz ich also richtig», zischelte Vater grinsend zurück. «Der Junge braucht nicht während der Vorstellung Händchen zu halten, aber wenn die Sache überhaupt einen Sinn haben soll, muß ich sie mir aus der Nähe ansehen.»

«Oh, du Schuft!» hauchte Mutter. Er hatte natürlich von Anfang an nichts anderes vorgehabt, und jeder Einspruch würde darum nutzlos sein. Einen Augenblick war sie ärgerlich auf ihn, weil Friedrich sie mit im Komplott glauben mußte, aber dann fand sie doch, daß ihr Platz an der Seite Vaters sei, was immer er auch anstellen mochte, und schließlich mußte sie sogar über seine Hintertriebenheit lächeln.

So saßen wir da und warteten: Peter als einzig Ahnungsloser auf den Film, wir andern auf das Gesicht, das Friedrich angesichts dieser Überraschung machen würde. Aber er enttäuschte uns gewaltig, denn als er sich kurz vor Dunkelwerden eilig zu uns durchdrängelte, setzte er sich gleich vorn auf den Platz neben Bixi, als ob alles in schönster Ordnung wäre, nickte uns zu und zog sorgfältig die Hosenbeine hoch. Dann verdämmerten die Lampen, die Wochenschau begann über die Leinwand zu flimmern, und Vaters Aufmerksamkeit war so in Anspruch genommen, daß er weder sah, daß Bixi und Friedrich miteinander flüsterten und Bixi hinterher in ihr Taschentuch pruschte, noch daß sich eine verspätete Dame auf den einzigen neben ihm frei gebliebenen Platz zu durch die Reihe schob. Erst als sie gegen seine Knie stieß, fiel ihm wieder ein, was der Nebenzweck dieses Familienausflugs war, und er nahm sie vorsichtig in Augenschein.

Was er sah, gefiel ihm gar nicht, und was er roch, noch viel weniger. Bixi hatte eine Zeitlang einen durch ihr schmales Taschengeld bedingten Hang zu billigen, aber dafür um so duftenderen Parfüms kultiviert, aber das waren sanfte Wohlgerüche gewesen gegen das, was ihm nun peinigend in die Nase stieg. Die Dame mochte um die Dreißig sein, war ziemlich üppig, hatte sich einen aufdringlichen Rotfuchs um den Hals garniert, und das blonde Haar, das ihr in Puffs unter dem Topfhut hervorstand, sah wie gelbe Putzwolle aus.

Vater wedelte sich mit dem Programm verzweifelt Luft zu, zog die Augenbrauen hoch und wandte seinen entsetzten Blick zu Mutter. «Das ist ja ein greuliches Weib», flüsterte er ihr vernehmlich zu.

Mutter wußte ohnehin, daß die Dame nicht Manon war, aber inzwischen hatte sie auch von Bixi über den dazwischensitzenden Dreas gehört, was passiert war: daß Friedrichs «Flamme» nämlich im letzten Augenblick abgesagt und Friedrich die Karte im Vorraum verkauft hatte. Sie wußte es, aber sie fand es eigentlich ganz hübsch, Vater vorläufig noch ein bißchen zappeln zu lassen. Sie fand, er habe Strafe verdient. Deshalb flüsterte sie zurück:

«So schlimm kommt sie mir gar nicht vor.»

Vaters Blick wurde womöglich noch entsetzter, dann bog er sich ergeben nach links, um von der Duftquelle soweit als möglich entfernt zu sein, und spähte wieder zu der Dame hinüber, während tiefe Beunruhigung in ihm aufstieg. Offenbar verstand er die Welt nicht mehr. Daß Friedrich in die Klauen dieser aufgedonnerten Scharteke gefallen war, war schon schlimm genug und kaum zu glauben, aber daß Mutter nichts dabei fand, das schlug dem Faß den Boden aus. Man brauchte das Mädchen – was hieß hier Mädchen, haha? – ja nur auf zehn Meilen gegen Windstärke zwölf anzuschnuppern, um zu wissen, daß ihr mit Händchenhalten im Kino und schüchternen ersten Küssen im Hausflur nicht gedient war. Grauenvolle Visionen zuckten durch Vaters aufgestörtes Hirn, und es dauerte eine ganze Weile, bis er merkte, daß der Hauptfilm, ein Tierfilm aus exotischen Bereichen, an dem ihm sehr gelegen war, schon lief.

Ein paar Augenblicke lang versuchte er sich krampfhaft auf die Bilder vorn zu konzentrieren, aber dann schwemmte eine neue Welle Parfümduft über ihn hinweg, und die gräßlichen Visionen kehrten wieder und verbanden sich mit den Bildern des Films zu widersinnigen und deshalb nur um so greulicheren Vorstellungen: Friedrich, von den feuchten Fangarmen eines Polypen mit Topfhut umschlungen, Friedrich im blutrünstigen Zahngehege eines putzwollhaarigen, moschusduftenden Krokodils – und so fort durch die unerfreulichen Bereiche der tropischen Fauna.

Mutter, das sah er verstört aus den Augenwinkeln, schien nicht die leiseste Spur von Beunruhigung zu empfinden und den Film in vollen Zügen zu genießen, und das vor allem brachte ihn auf. Er fühlte sich jammervoll alleingelassen, und dabei ging sie das Ganze eigentlich mehr an als ihn. Mädchen waren ihr Ressort, ob es nun das eigene war oder die, die ihnen die Jungs ins Haus schleppten. Das heißt, so weit war es Gott sei Dank in diesem Falle noch nicht, und der Weg dazu führte nur über seine Leiche.

Diese makabre Vorstellung erfüllte ihn für Minuten mit trübem Trost, aber dann wehte von neuem betäubendes Parfümgewölk an seiner scheuenden Nase vorbei, und als es im Saal hell wurde, hätte er nicht sagen können, um was es in dem Film gegangen war.

«Ein höchst angenehmer Nachmittag», sagte er grimmig zu Mutter, als sie wieder auf der Straße standen – die Dame hatte er beim Hinausgehen eisig übersehen, und Friedrich hatte er nur mit einem düsteren Blick gestreift. «Ein geradezu lieblicher Nachmittag. Vergiß nicht, die Kleider, die ich anhabe, mindestens vier Wochen lang zum Auslüften auf den Balkon zu hängen.»

«Aber du hast dich doch unbedingt neben sie setzen wollen», bemerkte Mutter unschuldsvoll.

«Natürlich hab ich», grollte Vater zurück, «weil ich's für meine Elternpflicht hielt. Wenn», fügte er mit einem bitter-vorwurfsvollen Blick hinzu, «dieser löbliche Begriff auch bei Menschen, bei denen man's gar nicht denken sollte, neuerdings nicht mehr in Mode scheint.»

Er starrte mit gerunzelter Stirn Mutter an und fuhr fort:

«Ich versteh bloß nicht, wie der Junge es fertigbringt, näher als bis zu fünf Metern an sie ranzukommen, ohne vorher in Ohnmacht zu fallen.»

Mutter fand nun, er habe genug gezappelt, und erklärte ihm, daß die Dame gar nicht Manon gewesen sei. Vaters Gesicht sah einen Augenblick lang nicht eben sehr geistreich aus, aber dann enthüllte sich ihm der Humor der Situation, und er mußte wohl oder übel grinsen.

«Na warte», sagte er und schüttelte seinen Zeigefinger scherzhaft drohend gegen Mutter. «Diesmal ging's auf meine Kosten, aber das nächste Mal bist du dran. Das Schlimme ist nur, daß ich bestimmt nicht hartgesotten genug bin, um kaltschnäuzig zuzuschauen, wie du dich wie ein kolikkranker Regenwurm in Sorgen und Ängsten um deine Nachkommenschaft windest. Und jetzt schlagen wir uns schleunigst seitwärts in die Büsche, und du kommst zur Strafe noch mal ins Kino mit, damit ich endlich den Film zu sehen kriege. Das heißt . . .»

Er unterbrach sich und begann sorgenvoll an sich herunterzuschnuppern. «Das heißt, wenn ich mich überhaupt noch unter Menschen riechen lassen kann.»

Wenn Vater sich einmal etwas in den Kopf gesetzt hatte, führte er es auch allemal durch, und so war bald eine neue Gelegenheit gefunden, Manon näher unter die Lupe zu nehmen. Sie besuchte dieselbe Ballettschule wie Bixi, die beiden waren befreundet, und als Bixis Geburtstag nahte, deutete Mutter hintenrum an, daß sie es hübsch fände, wenn sie

Manon und ein paar von den anderen Mädchen für den Tag einlüde.

«Nachtigall, ich hör dir trapsen», griente Bixi. «Soll ich ihr sagen, daß sie sich ordentlich mit Parfüm einstänkern soll, wenn sie bei Vater in gutem Geruch stehen will?»

Bixis Geburtstag war Mitte April, und wenn sich das Wetter nur einigermaßen anständig zeigte, eröffneten wir in Kladow die Salons, wie Mutter das nannte. Das heißt, am Tage vorher fuhr Berta mit Besen und Schrubber nach Kladow raus, versetzte unser Sommerhäuschen in einen halbwegs bewohnbaren Zustand, und am folgenden Nachmittag kamen wir nach, um Bixis Geburtstag festlich zu begehen.

Diesmal war das Wetter mehr als einigermaßen, es war geradezu prachtvoll. Weißflaumige Schäfchenwolken zogen sanft über den seidigblauen Himmel, in Bäumen und Sträuchern tirilierten ganze Vogelchöre, die Forsythien am Rande der Terrasse waren wie strahlende Frühlingsfanfaren, hier und da spitzten heitere Krokusse aus dem zartgrünen Rasen, und nur Bertas Laune war gewitterig, weil Bixis Geburtstag ausgerechnet auf ihren Ausgehtag fiel. Mutter hatte ihr zwar erlaubt, zum Ausgleich Herrn Karl, ihren augenblicklichen «starken Mann», in die Küche zu bitten, aber seitdem Bixis Ballettfreundinnen kichernd und schwatzend erschienen waren und sich wie ein Schwarm munterer Täubchen im Garten niedergelassen hatten, war seine vierschrötige Ringergestalt öfter am Fenster zu sehen, als ihr lieb war.

Außer den Mädchen war noch ein anderer Gast geladen: Dr. Watanabe aus Tokio. Er hatte eine ganze Weile bei Vater studiert, Vater hatte ihn öfter mit nach Hause gebracht, und mit Peter, den er komischzeremoniell «Herr Kleinste» titulierte, war er besonders gut Freund geworden. Er war schlank, mittelgroß, sprach ein ulkig gebrochenes Deutsch, und wir alle mochten ihn, weil er gern lachte und mit Begeisterung bei jeder Art Spiel dabei war. Wattepusten hatte es ihm vor allem angetan. Wenn er dabei gewaltig die gelben Backen aufblies, daß sich ihm die Haare sträubten und die schlitzigen, jettblanken schwarzen Augen kaum mehr recht zu sehen waren, kam er uns wie ein exotischer Windgott vor, und am komischsten war es, wenn er beim stürmischen Lufteinziehen auch gleich den Wattebausch einsog und wir ihm kräftig auf den Rücken klopfen mußten, um ihn vor dem Ersticken zu bewahren. Er hustete, prustete und krächzte, daß ihm die Augen tränten, und zwischendurch ließ er ganze Kaskaden entzückt wiehernden Gelächters los, und es dauerte immer eine ganze Weile, bis er sich so weit beruhigt hatte, daß wir weitermachen konnten.

Nur einmal nahm er uns etwas schwer übel. Vater hatte ihn dazu gebracht, vor der versammelten Familie ein japanisches Tempellied zum besten zu geben, und bevor das Ereignis vom Stapel lief, ermahnte Vater uns dringend, die Tatsache unter Beweis zu stellen, daß wir uns auch anständig benehmen könnten.

«Ihr dürft euch nicht vorstellen», sagte er, «daß ihr da was zu hören bekommt, was mit unseren Begriffen von Harmonie und so weiter etwas zu tun hat. Vielleicht kommt's euch sogar komisch vor, aber wer deswegen auch nur den Mund verzieht, kriegt's hinterher mit mir zu tun, verstanden? Ich hab Dr. Watanabe drum gebeten, und darum verlangt's schon der primitivste Anstand, daß keiner sich dabei kindisch aufführt. Ihm kommt bestimmt bei uns auch manches mächtig komisch vor ...»

«Und dann lacht er drüber», fiel Peter ein. «Warum darf er 'n lachen und wir nicht?»

Vater fältelte die Stirn. «Das ist ganz was anderes», sagte er nachdrücklich. «Dr. Watanabe freut sich, wenn er lacht, und ihr seid bloß albern. Also ich hoffe, ich brauch hinterher keinem von euch die Ohren aus dem Kopf zu reißen.»

Man hätte wirklich denken sollen, daß nach einer solchen Vorrede alles bestens vonstatten gehen würde, aber leider hatte Mutter währenddessen in der Küche zu tun gehabt, und vielleicht lag's an ihrer mangelnden seelischen Vorbereitung, daß bei ihr als erster schon nach ein paar näselnden, quengelnden Quetschtönen, die Dr. Watanabe bei seinem Gesang von sich gab, die Mundwinkel verdächtig zu zittern begannen. Als Vater es merkte und sie von der anderen Tischseite her drohend anstarrte, war das Unheil schon im Lauf. Sie hatte uns alle angesteckt, einer wie der andere bibberten wir vor mühsam unterdrückter Lachlust, und ein langgezogener, kläglicher Fistelton, der sich wie eine schlecht geölte Tür anhörte, führte endgültig die Katastrophe herbei.

Dr. Watanabe sprach an diesem Nachmittag kein Wort mehr mit uns, nicht einmal mit «Herrn Kleinste», und erst der diplomatische Vorschlag, Wattepusten zu spielen, brachte ihn abends versöhnt in den Familienkreis zurück. Als wir das erste Mal die Watte aus ihm rausgeklopft hatten und er zwischen Krächzen und Husten seine entzückten Lachsalven steigen ließ, beobachtete ihn Peter scharf und fragte ihn, kaum daß er wieder zu Atem gekommen war:

«Haben Sie sich eben wirklich gefreut, oder waren Sie bloß albern?»

Dr. Watanabe war also auch da und saß neben Vater an der auf der Terrasse gedeckten Kaffeetafel. Auf Vaters anderer Seite thronte Manon, und nach allem, was man beobachten konnte, schien er durchaus mit ihr einverstanden. Sein breites, kräftiges Gesicht leuchtete über dem steifen Hemdkragen vor heiterer Zufriedenheit, an den Aufschlag seines dunkelblauen Jacketts hatte er ein Forsythienzweiglein gesteckt, und Mutter betrachtete ihn über die Länge der festlichen Tafel hinweg mit heimlichem Stolz. Obwohl ihr alle ihre Söhne wohlgeraten schienen, fand sie doch, daß keiner das Zeug hatte, ihm einmal den Rang abzulaufen, von anderen männlichen Wesen der näheren und weiteren Bekanntschaft ganz zu schweigen. Sie hatte damals bei der Auswahl ihres «schicken Herrn» eben den richtigen Riecher entwickelt.

Nach dem Kaffee wurde ein Grammophon in den Garten geschleppt und getanzt. Vater und Mutter eröffneten den ländlichen Ball – Mutter hatte auf dem einzigen vorhandenen Walzer bestanden –, und danach setzten sie sich ein wenig atemlos nebeneinander auf die Terrasse und sahen zu. Wie schon einmal, glitten Mutters Gedanken von neuem in die Vergangenheit zurück, und auch Vater mußte es so gegangen sein, denn nach einer Weile sagte er nachdenklich: «Wenn ich so sehe, wie das Kroppzeug da miteinander umgeht, kommt's mir vor, als wär gegen früher was verlorengegangen, eine Portion Respekt und Geheimnis oder wie man's sonst nennen will. Sieh mal da drüben Fried-

rich und das Mädel, das neben mir saß. Hätt'st du's dir gefallen lassen, wenn ich dich damals beim Tanzen so an mich rangeklatscht hätte?»

«Von dir ja», bekannte Mutter lächelnd.

Vater wiegte bedauernd den Kopf. «Das hätt ich wissen sollen, wo ich immer das Gefühl hatte, du würdest mir ein paar hinter die Löffel hauen, wenn ich dir auch nur ein bißchen näher gekommen wäre, als es der ‹Gute Ton in allen Lebenslagen› vorschrieb.»

«Na, Gott sei Dank hast du die Angst dann doch eines Tages überwunden», murmelte Mutter zufrieden.

«Aber frag nicht, was es mich für Nerven gekostet hat», gab Vater grinsend zurück, «jedenfalls bis ich es endgültig spitz kriegte, daß ich dabei war, eine sperrangelweit geöffnete Tür einzurennen.»

Er schwieg einen Augenblick, von den Apfelbäumen kam das blecherne Geplärr des Grammophons herüber, dann und wann von Dr. Watanabes wiehernden Lachsalven unterbrochen, und fuhr endlich fort: «Aber ein bißchen von dem Respekt, von der Angst würde den Burschen heutzutage nichts schaden. Und den Mädels würde es viel mehr gefallen, wenn das Werben wieder ein bißchen in Mode käme. Sie kennen's bloß nicht. Sie haben irgendwelchen Blödsinn von gleichen Rechten gehört, und nun schlottern sie vor Angst, es könnte sie jemand für unmodern halten, wenn sie sich das Recht rausnähmen, umworben zu werden. Paß mal auf–alle zehn Finger würden sie sich danach ablekken, wenn ihnen einer mit der angeblich altmodischen Galanterie von früher käme.»

«Na, na», zweifelte Mutter. «Sicher war's früher schöner, aber die Zeiten und Menschen sind eben anders geworden. Ich wette, sie würden dich schön auslachen, wenn du dich als cavaliere servante aufspielen wolltest.»

«Um was?» erkundigte sich Vater trocken und stand auf.

«Wieso, um was?»

«Um was du wettest? Ich für meinen Teil wette nämlich um was du willst, daß ich Friedrich bei seinem Mädchen spätestens in 'ner halben Stunde ausstechen werde.»

Er reckte sich unternehmungslustig in den Schultern, zog den Bauch ein, rückte das Forsythienzweiglein zurecht und langte seine goldene Uhr aus der Westentasche. «Punkt sieben», sagte er grinsend. «Um halb acht sprechen wir uns wieder.»

Noch immer darüber verwundert, wie rasch sie aus den unverbindlichen Gefilden des Allgemeinen ins Besondere und Persönliche gestolpert war, sah Mutter ihm leicht beunruhigt nach, während er jugendlich federnd über den Rasen davonging. Wie ein Wimpel stand auf seinem Scheitelwirbel eine munter wippende Haarsträhne hoch.

Die weiteren Ereignisse unter den Apfelbäumen entgingen Mutter, weil sie in der Küche ein ungewohntes Rumoren zu vernehmen glaubte, dessen Natur sie erkunden wollte. Als sie um die Hausecke bog, öffnete sich die auf dieser Seite aus der Küche in den Garten führende Tür und Herr Karl stürzte hastig heraus, den Kopf eingezogen und die Arme schützend darübergelegt – eine Vorsichtsmaßnahme, die sich als ungemein berechtigt erwies, denn im nächsten Augenblick flog ihm ein Kochtopf zielsicher nach.

Durchs offene Küchenfenster, zu dem sich Mutter vorsichtshalber zurückbegab, sah sie Berta nach einem neuen Wurfgeschoß suchen.

«Bitte, kein Porzellan!» rief sie streng. «Und außerdem: Was gibt es hier?»

Über Bertas dickes, rotes Gesicht breitete sich ein verschämtes Grienen, während sie Mutter ziemlich verschwommen erklärte, daß es ihr zum Halse rausgekommen sei, Herrn Karl, diesen «gemeinen Lausekerl», wie sie ihn anheimelnd nannte, dauernd am Fenster stehen und nach den Mädels schielen zu sehen. Mit dem Topf habe sie ihm Respekt beibringen wollen.

Respekt? Mutter mußte unwillkürlich an Vater denken. Er würde sich freuen, in Berta eine Kronzeugin für seine Theorie zu finden.

«Daß mir das nicht wieder vorkommt», sagte sie dann. «Bringen Sie Herrn Karl auf eine Art Respekt bei, die meine Töpfe schont. Und machen Sie die kalten Platten fertig. In einer halben Stunde wird gegessen.»

Auf dem Rückweg zur Terrasse lachte sie im stillen über Herrn Karls ängstliches Gesicht, das sie gerade noch im Türrahmen vorsichtig erkundend hatte auftauchen sehen, aber gleich darauf verging ihr die Heiterkeit. Denn wohin sie auch in die einfallende Dämmerung unter den Apfelbäumen spähte – von Vater war keine Spur zu erblicken. Von Manon auch nicht. Dafür entdeckte sie Friedrich vereinsamt auf der Terrasse.

«Weißt du, wo Manon ist?» fragte er bekümmert.

Mutter sah auf ihre Armbanduhr. Abwesend murmelte sie:

«Wahrhaftig, halb acht.»

«Urkomische Antwort, muß ich schon sagen.»

«Nicht so urkomisch, wie du glaubst», erwiderte Mutter, «und sie trifft haargenau den Kern der Sache.»

Die Angelegenheit mit der Wette hatte sie als reine Kinderei aufgefaßt, aber Vater nahm es doch offenbar sehr genau damit, und obwohl sie es sich nicht zugeben wollte, wurmte sie das. Sie hätte wild abgestritten, daß dabei etwa so was wie Eifersucht im Spiele gewesen wäre – lächerlich, eifersüchtig auf so ein Küken und auf Vater, mit dem sie seit mehr als zwanzig Jahren glücklich war. Aber so ganz frei davon war sie, wie es sich nun zeigte, wohl nicht, und das wurmte sie noch mehr.

«Sieh zu, daß die andern unten allmählich Schluß machen und zusammenräumen», murmelte sie. «In einer Viertelstunde ist das Essen parat.» Damit wandte sie sich zur Glastür, hinter der eben das Licht angeknipst und Berta mit einem Tablett voller Geschirr sichtbar wurde. Sie sah wieder friedlich aus; offenbar war Herr Karl zu Kreuze gekrochen.

Wäre sie noch einen Moment geblieben, hätte sie Vater mit Manon von der anderen Seite her unter den Apfelbäumen auftauchen sehen. Dreas und Dr. Watanabe tanzten mit Bixis Freundinnen, Thomas bewachte das alte, klapprige Grammophon, das man jedesmal in der Mitte der Platte neu aufziehen mußte, weil die ausgeleierte Feder bis zum Ende nicht durchhielt, und Bixi kniete daneben und suchte unter den Platten nach etwas, was noch nicht wenigstens schon dreimal durchgespielt worden war.

«Da wären wir wieder», sagte Vater und grinste den herankommenden Friedrich an. «Ich hab Manon bloß mal ein bißchen mit der Geographie der Lokalität vertraut gemacht. Tanzt dieses rhythmische Gelärme noch bis zum Ende mit, und dann wird's Zeit sein, hier abzubrechen.»

«Oooooch», protestierte Bixi von unten.

«Keine Widerrede», sagte Vater. «Es ist schon dunkler, als es die Polizei beim Tanzen erlaubt. Im übrigen – steh doch mal auf.»

Während sich Bixi seufzend hochrappelte, warf er einen Blick zum Haus hinüber und stellte befriedigt fest, daß Mutter nirgends zu sehen war. Nur hinter der erleuchteten Glastür bewegten sich Schatten.

«Komm näher», sagte er, «noch näher.» Und als das blasse Oval ihres Gesichts in der Dunkelheit dicht vor ihm war: «Hör mal, du hast dir doch nicht etwa Lippenstift in die Fassade geschmiert?»

«Ein ganz klein bißchen», gestand Bixi kleinlaut. «Bloß weil mein Geburtstag ist. Die andern machen's ja auch, und ich hab nicht gemerkt, daß du dich vor Manon deswegen geekelt hättest.»

Vater warf wieder einen raschen Blick zum Haus hinüber.

«Sei nicht vorlaut», sagte er. «Manon gehört nicht in meinen Stall. Sie kann tun und lassen, was ihre Eltern wollen. Aber bei dir ist es anders. Da bin ich noch da, um dir auf die Finger zu sehen.»

Sie sah ihn nicht deutlich genug, um seinen Gesichtsausdruck zu erkennen.

«Na ja», fuhr er gedämpft fort, «des Geburtstags wegen wollen wir mal nicht so sein. Gib mir einen ordentlichen Versöhnungskuß.»

Ein wenig erstaunt über diese Wendung der Dinge, suchte sie mit den Lippen seinen Mund, aber er hielt ihr seine nach Rasierseife duftende Wange hin, und als sie sie küßte, gab er kräftigen Gegendruck.

«So», sagte er, «und jetzt will ich sehen, was Mutter macht.»

Bixi schwenkte ihr Taschentuch vor seiner Nase. «Warte, ich wisch dir das Zeug erst ab.»

Aber Vater entschwand schon unter den Bäumen.

«Nicht nötig», rief er zurück. «Mach ich schon selber.»

Mutter legte im Wohnzimmer letzte Hand an die Abendtafel, als er aufgeblasen wie ein Pfau hereinstolzierte, sich unter dem Kronleuchter ins beste Licht postierte und mit dem Finger auf seine Wange wies. «Na, was sagst du nun?» trompetete er.

«Nichts», bemerkte Mutter trocken. «Höchstens, daß du dir das Gesicht waschen solltest, bevor die Kinder reinkommen.»

Vaters Miene verdüsterte sich.

«Ich wollt dich bloß an die Wette erinnern», brummte er enttäuscht. «Und außerdem dachte ich, es würde dir Freude machen zu sehen, daß ich noch längst nicht zum alten Eisen gehöre.»

Mutter drängte ihn kühl zur Tür. «Wenn ich das erst auf diese Weise erfahren müßte, wär's traurig bestellt. Und laß dich von Berta nicht so sehen, sonst verliert sie noch den letzten Respekt vor dir.»

Sie war schon wieder am Tisch beschäftigt, als Bixi mit Platten unter dem Arm von der Terrasse hereinkam.

«Die hungrige Meute ist im Anmarsch», verkündete sie und warf im Vorbeigehen einen wohlgefälligen Blick auf die wartenden Genüsse. «Hoffentlich reicht die Futterei. Übrigens», rief sie von der Tür zurück, «was ist denn heute mit Vater los? Er hat gemerkt, daß ich mir die Lippen rot gemacht habe, hat kaum geschimpft und wollte sogar noch einen Lippenstift-Kuß auf die Backe haben.»

«Auf welche?» rief Mutter atemlos der Davonkichernden hinterher.

Bixis Kopf erschien wieder in der Tür. «Auf welche?» erkundigte sie sich verblüfft. «Hör mal, Ma, jetzt kommst du mir auch noch komisch vor. Wie soll ich das wissen? Aber ich glaube, die linke war's.»

«Die linke, die linke», flüsterte Mutter, plötzlich vergnügt, vor sich hin, und alles, was sie in der letzten Stunde gewurmt hatte, war mit einem Male verflogen. Daß sie Vater eben absichtlich den Spaß verdorben hatte, kam ihr jetzt beinahe schäbig vor, da sie nun wußte, daß es ein Spaß gewesen war. Wie war sie überhaupt auf die unmögliche Idee gekommen, daß es etwas anderes als Spaß gewesen sein könnte.

«Oh, du Kindskopf», sagte sie laut in die Stille des Zimmers, «du lieber, unverbesserlicher Kindskopf!»

Und fuhr im nächsten Moment erschrocken zusammen, weil von draußen wie eine Antwort eine von Dr. Watanabes Lachsalven kam.

Wie der Nachmittag, wurde auch der Abend ein voller Erfolg. Vater brillierte mit Anekdötchen, die sogar Mutter bestimmt nicht öfter als drei- bis viermal gehört hatte, Dreas erklärte sich bereit, den Hamlet-Monolog vorzutragen, ließ sich aber schließlich überreden, statt dessen Onkel August zu kopieren, und in vorgerückter Stunde erbot sich Dr. Watanabe, ein Lied zu singen. «Nicht ernst. Diesmal sehr, sehr komisch», kicherte er entzückt, um Vaters besorgte Miene aufzuhellen. Unseren Ohren ergab sich gegen damals kein Unterschied, aber diesmal durften wir lachen und taten es auch. Dr. Watanabe lachte am meisten.

Schließlich wurde aufgebrochen, die Kinder wollten die Gäste noch zum Autobus bringen, und auch Vater schloß sich der Gesellschaft an, um sich noch ein bißchen die Beine zu vertreten. Aber schon nach zehn Minuten war er wieder zurück, und obwohl sein Gesicht die unübersehbaren Spuren dreier Lippenstift-Küsse trug, war er sichtlich melancholisch gestimmt.

«Weißt du», sagte er verstimmt zu Mutter, die dabei war, für Berta das Geschirr und die Gläser zusammenzustellen, «ich hab das dumme Gefühl gehabt, die wollten mich gar nicht bei sich haben.»

«Merkwürdig», meinte Mutter und begann zu kichern. «Wenn man dich so ansieht, möchte man es wahrhaftig nicht glauben.»

Vater sah verdutzt an sich herunter. «Wieso?»

«Schau dich nur drüben im Spiegel an. Du siehst eher aus, als ob dich eine ganze Kompanie verliebter Mädel nicht hätte weglassen wollen.»

Aber Vater war auch durch den Anblick seines rotgefleckten Gesichts nicht aufzuheitern. «Umgekehrt wird ein Schuh draus», brummte er, spuckte in sein Taschentuch und begann, in seinem Gesicht herumzureiben. «Es war sozusagen das Trinkgeld, mit dem sie mir das Abgeschobenwerden versüßen wollten. ‹Nimm, Alter, und dann geh und stör nicht unsere Kreise . . .›»

Er tat Mutter fast ein bißchen leid, wie er da vor dem Spiegel stand, ein wenig silbergrau um die Schläfen, ein wenig gebeugt, mit hängenden Schultern, ganz und gar nicht der Vater, den sie kannte, der bis an die Ohren voller Wärme, Lebenskraft und einer manchmal geradezu ärgerlichen Spaßhaftigkeit steckte. Aber einen letzten Stich konnte sie sich doch nicht versagen.

«Immerhin», sagte sie und nahm ihm das Taschentuch aus der

Hand, um ein bißchen nachzuhelfen, «hast du hierfür vermutlich nicht deine eigene Tochter zu bemühen brauchen.»

«So, das weißt du auch», sagte Vater, und seine Augenbrauen zogen sich tragisch zusammen. «Na ja, ich sag's ja, mit mir ist's aus. Abgewrackt und fertig. Als ich mit Friedrichs Mädel der Wette wegen in allen Ehren ein bißchen nett war, hat sie sich aufgeführt, als wär ich ein Altersheim-Opa, der sie in den Popo kneifen wollte. Und dabei wollt ich's gar nicht», fügte er kläglich hinzu.

Mutter konnte nicht anders, sie lachte hell auf.

Vater sah sie aus gramumdüsterten Augen vorwurfsvoll an. «Da haben wir's: auch du lachst mich aus, statt mich mit mildem Samariterkuß über die Entdeckung hinwegzutrösten, daß ich ein alter Knacker bin, ein alter, ausgedienter Hund, für den bald ein Stück trockenes Brot zu schade sein wird.»

Ach, Mutter kannte Vaters Stimme und Stimmungen nur zu genau. Sie wußte, was die Glocke geschlagen hatte, wenn sie sich wohlgefällig zu heben und zu senken begann wie die eines Schauspielers, der allmählich an seiner Rolle Gefallen findet. Da war er also wieder, der durchtriebene Mime, von dem Dreas sicher seine Begabung hatte, und sie war froh, daß wieder zum Spiel geworden war, was doch anfangs eine Spur Ernst enthalten hatte.

«Wenn's weiter nichts ist», sagte sie und hob sich auf die Zehenspitzen, «dann laß dich trösten. Oder soll ich mir rasch noch aus Bixis Tasche den Lippenstift holen, damit du auch Geschmack an der Sache findest?»

Um sie herum war es still im Raum, nichts gab es außer ihm und ihr, sie spürte seine Wärme und Kraft wie ein festes Haus, und als sie sich endlich von ihm löste, blieb ihr noch gerade genug Atem, um glücklich zu flüstern: «Für einen ausgedienten Hund war das aber bestimmt nicht übel.»

Später gingen sie noch einmal durch den nachtdunklen Garten. Ringsum standen schweigend die Bäume, hoch oben glitzerten einsam die Sterne, in der Richtung der Stadt erhellte ein ungewisser, rötlicher Schein den weiten Himmel. Es war nicht kühl, und es roch nach Erde und Gras und unbestimmter, schwebender Süße.

Mutter hatte sich in Vaters Arm gehängt, und nach einer langen Weile des Stilleseins sagte er leise: «Weißt du noch, weswegen wir heute nachmittag gewettet hatten?»

Mutter nickte.

«Weil ich meinte», fuhr Vater fort, «daß die jungen Dinger von heute auf unsere Galanterie von früher fliegen müßten, daß es ihnen viel lieber sein müßte, in der Liebe in einer besonderen Welt zu leben, in die wir Männer nur mit klopfenden Herzen eintreten dürften. Und weißt du, woran ich gescheitert bin?»

Er wartete Mutters Antwort nicht ab. «Weil diese Manons, und wie sie sonst heißen, dafür gar nicht jung genug sind. Weil sie, wenn sie auf die Welt kommen, schon in einem Alter sind, in dem man nicht mehr an Märchen und Geheimnisse glaubt.»

«Vielleicht», warf Mutter ein, «glauben sie doch dran und tun bloß so, als täten sie's nicht.»

«Hm . . .» brummte Vater und zog sie weiter. «Das wäre möglich. Dann hätten sie immerhin noch die Chance, jung zu werden. Ich bin's jedenfalls, denn ich glaube dran, und du lebst für mich noch immer wie in einem geheimnisvollen Wundergarten, in den ich nur mit Herzklopfen eintreten kann . . . Was ist denn das?» Polternd war er mit dem Fuß an etwas gestoßen, und er bückte sich, um zu erkennen, was es war.

«Das Grammophon», rief er dann. «Die Bande hat's einfach stehenlassen. Es liegt sogar noch 'ne Platte drauf. Warte mal.»

Sie hörte ihn emsig die Kurbel drehen, und im nächsten Augenblick kratzte die Nadel durch die Rille.

«Komm», sagte er.

«Ich kann aber nur Walzer», protestierte sie schwach.

Vater grinste. «Dann wird eben alles, was sich da an Gelärm erhebt, für uns Dreivierteltakt sein.»

Mitten im Tanzen hörten sie von der Straße die Stimmen der Kinder.

«Laß mich los», flüsterte Mutter. «Was sollen sie von Eltern denken, die nachts im Garten zu Tangomusik Walzer tanzen?»

Doch Vater faßte sie nur fester. «Laß sie denken, was sie wollen», gluckste er munter. «Wir werden ihnen zeigen, was Jugend ist.»